당신의
숨겨진 욕망을
드러내는

분노

THE HEART OF ANGER

Copyright © 2021 by Christopher B. G. Ash and Stephen Midgley
Published by Crossway
a publishing ministry of Good News Publishers
Wheaton, Illinois 60187, U.S.A.

This edition published by arrangement
with Crossway through rMaeng2, Seoul, Republic of Korea.
All rights reserved.

This Korean Edition Copyright © 2021 by Word of Life Press,
Seoul, Republic of Korea.

이 한국어판의 저작권은 알맹2를 통하여 Crossway와 독점 계약한 생명의말씀사에 있습니다.
신 저작권법에 의하여 한국 내에서 보호받는 저작물이므로 무단 전재와 무단 복제를 금합니다.

당신의
숨겨진 욕망을
드러내는

분노

© **생명의말씀사** 2021

2021년 12월 10일 1판 1쇄 발행

펴낸이 | 김창영
펴낸곳 | 생명의말씀사

등록 | 1962. 1. 10. No.300-1962-1
주소 | 서울시 종로구 경희궁1길 6 (03176)
전화 | 02)738-6555(본사) · 02)3159-7979(영업)
팩스 | 02)739-3824(본사) · 080-022-8585(영업)

기획편집 | 유영란
디자인 | 김혜진
인쇄 | 영진문원
제본 | 보경문화사

ISBN 978-89-04-16779-1 (03230)

저작권자의 허락없이 이 책의 일부 또는 전체를
무단 복제, 전재, 발췌하면 저작권법에 의해 처벌을 받습니다.

the heart of Anger

당신의
숨겨진 욕망을
드러내는

추천의 글

"성경과 인간 행위에 대한 수많은 통찰로 가득한 이 책을 읽으면서 얼마나 많은 문장을 받아 적었는지 모른다. 그러다가 이 질문에 도달했다. '그렇다면 그리스도께서는 세상의 분노 조절법이 해줄 수 없는 어떤 일을 해주실 수 있는가?' 이 질문과 이어지는 내용에서 나는 금광을 발견한 기분이었다. 분노가 자신의 삶과 관계에 미치는 악영향과, 이를 해결하려면 외부의 도움이 필요하다는 사실을 깨달은 사람들에게 이 책은 복음의 소망을 제시할 것이다."
_ 낸시 거스리(Nancy Guthrie), 성경 교사, *Even Better than Eden* 저자

"진정한 필요를 채워 주는 책이다. 엄청난 피해를 주지만 사람들이 진지하게 관심을 갖지는 않는 분노라는 죄에 대해 따뜻하고 성경적이며 쉽게 이해할 수 있는 해결책을 제시한다. 사람은 누구나 살면서 한두 번쯤 다른 사람들의 분노로 힘들어하고, 그 자신의 분노로 다른 사람들을 힘들게 한 기억이 있다. 우리는 성경 전체가 분노에 대해 말씀하는 내용을 듣고, 인간의 자기중심적인 분노와 하나님의 의로운 분노를 구분하며, 다양한 형태의 분노를 다루는 전략을 배워야 한다. 무엇보다도, 책을 다 읽고 나서 꼭 시간을 내서 아주 실제적이고 도움이 되는 부록을 살펴보기 바란다."
_ 마크 톰슨(Mark D. Thompson), 무어신학대학(Moore Theological College) 총장

"자신이나 타인의 분노에 덜 반발하고 더 요령 있고 겸손하게 대하는 모습을 상상해 보자. 얼마나 많은 관계가 평화를 찾고 기나긴 전쟁을 피하게 될까! 이 책은

그곳으로 당신을 인도한다. 부드럽고 분명하며 철두철미하고 소망이 가득한 책이다. 책에 나오는 예를 보면서 '내 이야기네!'라는 말을 반복하게 될 것이다. 그리고 바로 오늘, 당신이 나아갈 방향을 알게 될 것이다."

_ **에드 웰치**(Ed Welch), 기독교상담교육재단(CCEF) 교수

"두 저자는 마음의 문제를 중심으로 분노라는 주제를 성경적으로 다룸으로써 그리스도의 교회를 잘 섬겨 주었다. 독자들은 지속적인 변화에 영향을 미치는 자아의 역할에 대한 성경의 강조점을 배울 뿐 아니라, 복음에서 기쁨과 만족을 얻는 대안에 대해서도 크게 깨달을 것이다. 목회자와 성경적 상담가를 비롯해 그리스도를 따르는 모든 사람이 이 책을 책꽂이에, 이 개념들을 마음과 삶에 담아 두어야 한다."

_ **스티브 바이어스**(Steve Viars), 인디애나주 라피엣 소재 페이스교회(Faith Church) 담임목사, *Putting Your Past in Its Place, Loving Your Community, Overcoming Bitterness* 저자

"분노는 아주 복잡하면서도 끔찍하리만치 단순한데, 이 역설을 완벽하게 포착한 책이다. 이 책은 분노하는 한 사람의 마음속에 작용하는 다양한 요인을 성경적으로 깊이 있고 명료하게 묘사한다. 인간의 분노하는 마음에 대한 탁월한 안내서다."

_ **제레미 피에르**(Jeremy Pierre), 남침례신학교(The Southern Baptist Theological Seminary) 성경적 상담학과 부교수 겸 가정사역학부 학과장

"성경은 분노에 대해 무엇이라고 말하는가? 두 저자는 이 질문에 철저하게 답할 뿐 아니라, 분노에 대한 성경의 가르침을 네 가지 핵심 범주로 설득력 있게 정리한다. 목회자의 민감함이 돋보이는 이 책은 개인적인 예화와 사례 연구가 풍부한데, 분노의 해결책에 대한 감동적인 묘사에서 절정을 이룬다. 그 해결책은 곧 그리스도의 복음만이 주실 수 있는 겸손이다. 게다가, 우리가 성경에 귀 기울일 때 어떻게 그 겸손을 얻을 수 있는지 신선한 통찰을 제공한다. 간단히 말해, 이 책은 에덴동산 이후로 모든 인류를 감염시킨 교만한 분노의 유행병에 맞서는 우리의 싸움과 소망을 성경적으로 잘 포착한다."

_ 알래스데어 그로브스(J. Alasdair Groves), 기독교상담교육재단(CCEF) 이사

"분노는 불시에 우리를 사로잡는 보편적인 인간 경험이다. 우리는 '왜' 그렇게 분노하는가? 성경에 기초한 이 책에서 저자들은 우리가 분노의 다양한 표현 배후에 있는 것을 분별하도록 도와주면서 복음 중심의 변화 과정으로 안내한다. 그리스도께서는 분노와의 싸움에 어떤 영향을 미치시는가? 저자들은 '막대한 영향을 미치신다'라고 말한다. 이것은 당신과 나처럼 화를 잘 내는 사람들에게 참 좋은 소식이다!"

_ 마이클 엠릿(Michael R. Emlet), 기독교상담교육재단(CCEF) 학부장, *Saint, Sufferers, and Sinners*, *Cross Talk* 저자

"이 책은 우리의 분노와 하나님의 분노, 다른 사람들의 분노라는 중복된 실재를 한데 모아서, 성경의 렌즈로 검토한다. 저자들은 자신들이 연구에서 얻은 정보

를 단순히 전달하지 않는다. 하나님이 이 중복된 실재들에 대해 하신 말씀을 삶을 바꾸는 방식으로 나누어 준다. 독자들은 분노의 문제에 있어 주님을 기쁘시게 하는 방식으로 걸을 수 있을 뿐 아니라, 다른 사람들도 그렇게 걷도록 도울 수 있다."

_ **커티스 솔로몬**(Curtis Solomon), 성경적상담연합(Biblical Counseling Coalition) 이사

"저자들은 솔직하고 매력적이고 설득력 있으며 성경적 지혜가 가득한 분노에 대한 책을 썼다. 분노와의 싸움에서 자신의 마음과 자신을 향한 예수님의 마음을 알고자 하는 그리스도인들에게 적극 추천한다."

_ **다비 스트리클런드**(Darby Strickland), 기독교상담교육재단(CCEF) 교사, *Is It Abuse?* 저자

"저자들은 성경과 현대 사례를 활용하여 이기적인 욕구로 인해 분노가 초래하는 끔찍한 영향을 보여 준다. 분노의 핵심에는 하나님이 되려는 욕구, 그분의 지식과 주권을 소유하려는 욕구가 있다. 이 칼은 우리가 사랑하는 모든 사람에게 깊은 상처를 입힌다. 이와 대조적으로, 저자들은 우리에게 여호와의 의로운 분노와 변함없는 사랑을 보여 준다. 예수님을 알면 새로운 욕구를 지닌 마음의 변화가 일어난다. 우리는 분노의 칼 대신 어떻게 사랑과 겸손을 휘두를 수 있는지 보여 주는 성경 말씀을 구체적이고 실제적으로 적용할 수 있다. 성경적 상담가들은 이 책에서 분노와 관계와 여호와 안에 있는 새로운 피조물을 이해함으로써 자신과 내담자들을 위한 진정한 소망을 발견할 것이다."

_ **세실리아 번하트**(Cecelia Bernhardt), 기독교상담교육재단(CCEF) 교수 겸 상담학부 디렉터

Contents

들어가는 글 _ 분노, 왜 중요한가?　　10

1 인간의 분노를 알라
: 성경이 말하는 인간의 분노

01	분노와 인간의 마음	18
02	분노의 핵심	33
03	분노가 만드는 폐허	42
04	분노와 권력	50
05	분노와 자기 의	61
06	분노와 교만	67
07	분노와 집단	73
08	타인을 끌어들이는 분노	80
09	의로운 분노?	85

2 하나님의 분노를 알라
: 인간 분노의 치료제

10	하나님의 분노는 선하다	100
11	하나님은 분명히 분노하신다	106
12	질투하는 사랑	113
13	더디지만 확실한 분노	116
14	예수님은 언제 분노하셨나?	121
15	하나님의 분노에 맡기라	127

3
자신의 분노를 점검하라
: 분노를 해결하는 첫걸음

16	하나님의 분노와 어떻게 다른가?	138
17	진짜 문제가 무엇인가?	142
18	분노에 가려진 감정을 파헤치라	152

4
복음은 어떻게 인간의 분노를 바꾸는가?
: 세상이 줄 수 없는 그리스도

19	그리스도 안에서 새로워신 욕구	176
20	혼자 해결하는 도전이 아니다	195
21	평안히 눕고 잘 수 있다	203
22	분노보다 강력한 능력	213
23	모든 것을 빚진 자	223
24	사랑만이 분노를 정화한다	233
25	지혜에 귀를 기울이라	238

부록 1: 분노 진단 체크리스트   254
부록 2: 분노를 경건하게 이끄는 기도   259

들어가는 글 _

분노, 왜 중요한가?

이 책은 실패담에서 시작되었다. 어느 토요일 아침, 전화벨이 울렸다. 그날 나(크리스토퍼)는 주례를 서기로 되어 있었다. 전화를 건 사람은 신랑이었다. "결혼식을 취소해야 할 것 같습니다." 그리고 그는 정말로 결혼식을 취소했다.

전날 밤, 그는 약혼녀와 결혼하지 않기로 마음 먹었다. 내 기억에 신부 될 사람은 격한 분노를 반복해서 드러냈다. 결국에는 그 분노가 파혼에까지 이르렀다. 그 사건이 젊은 커플과 그 가족들에게 미친 트라우마는 잊을 수가 없다. 그간의 사정을 내가 알 수 있었다면 얼마나 좋았을까? 아직 시간이 있을 때 그들을 도울 수 있었다면 좋았을 텐데. 하지만 나는 그러지 않았거나 그러지 못했다. 철저히 실패했다.

인간관계에서 분노는 뽑아 든 칼과 같다. 날카로운 말이나 폭력적인 행동으로 칼을 휘두르려면, 먼저 칼집에서 칼을 뽑아야 한다. 분노는 감정으로 시작해서 행동으로 끝나는 인간 경험이다. 동일한 분노가 성난 감정을 장악해 성난 행동으로 이어진다. 맨 처음 외부 자극으로 마음속에 짜증이 고조되면 손이 칼집으로 움직인다. 그리고 분노를 폭발시켜 칼집에서 칼을 뽑아 위협적으로 내리칠 준비가 되기까지 분노는 그에 선행하는 감정과 최종적으로 촉발되는 언행 사이에 있다.

여섯째 계명은 살인하지 말라고 명령한다. 살인하면 하나님의 심판을 받는다. 그런데 주 예수님은 악의를 가지고 분노하면 심판을 받는다고 말씀하신다. 그런 분노는 살인의 씨앗을 품고 있기 때문이다(마 5:21-22).

분노는 희한하고 강력하고 혼란스러우며 다양한 양상을 지닌 현상이다. 칼집에서 뽑힌 칼과 같은 분노는 세상에 수많은 사상자를 낳는다. 이 책을 읽는 어떤 독자는 과거의 자신 또는 사랑한 사람들을 생각하며 깊이 후회할지도 모른다. 당신은 소중한 관계를 무너뜨리는 데 분노가 담당한 역할을 기억할 것이다. 분노로 결혼생활이 깨지고, 부모와 자녀의 사랑이 망가지고, 우정에 금이 가고, 이웃이 싸움터가 되며, 직장에서 편이 갈리고, 온 나라가 분열된다. 주워 담을 수 없는 성난 말이나 되돌릴 수 없는 폭력적인 행동을 기억하는 사람도 있을 것이다. 파괴와 비극의 이야기를 들을 때 우리는 쉽게 분노한다. 바로 이 순간에도 세상에는 칼집으로 손을 뻗는 이들과 칼집에서 칼을 빼 드는 이들이 있다.

우리의 과제는 이 빼낸 칼에 성경이 영향을 미치게 하는 것이다. 분노를 일으키는 원인을 아는 것이다. 올바른 분노라는 게 과연 있는지, 있다면 언제 그런지 생각해 보아야 한다. 잘못된 분노를 어떻게 다룰 수 있을지 질문해야 한다.

우리는 분노와 관련된 성경 본문을 두어 군데 선택하기보다는 성경 전체가 이 문제에 영향을 미치도록 최선을 다하려 한다. 물론 쉬운 일은 아니다. 구약성경에서 분노와 관련된 히브리어 단어는 열 개 정도인데, 700여 군데에 등장한다. 신약성경에서 이 주제와 관련된 그리스어 단어는 다섯 개 정도인데, 거의 60개에 달하는 절이나 단락에 나타난다.

하지만 분노라는 단어를 찾는 것만으로는 부족하다. 확실하게 분노라는 단어를 사용하지 않고도 이야기 속에 분노가 드러나는 경우가 많기 때문이다. 선한 사마리아인의 비유에는 사랑이라는 단어가 나오지 않지만, 자선과 긍휼이 가득하다.

사무엘상 25장에서 다윗이 자신을 모욕한 나발과 그 가족을 죽이려고 할 때 분노라는 단어는 등장하지 않지만, 그가 분노로 끓어오르고 있음은 틀림없다. 모세가 민수기 20장에서 반석을 내려칠 때 그가 성냈다는 말은 없지만, 이야기를 보면 그가 화가 났다는 사실이 분명하다. 그래서 분노가 나타나는지 자세히 살피면서 성경을 읽을 필요가 있다. 우리는 가능한 한 철저하게 그렇게 하려고 노력했다. 성경에 분노가 나타나는 모든 곳을 일일이 언급하지는 않겠지만, 이 책은 우리가 할 수 있는 만큼의 포괄적인 연구를 바탕으로 쓰였다.

게다가 우리는 분노만 따로 살펴서는 안 되는데, 분노에는 많은 사촌이 있기 때문이다. 로마서 1장 29-31절, 갈라디아서 5장 19-21절, 에베소서 4장 17-32절, 골로새서 3장 5-11절, 디모데전서 1장 9-10절, 디모데후서 3장 2-5절 등에 나오는 악덕 목록이 보여 주듯이, 죄악된 행위는 마치 마피아의 가족사진 같다. 우리는 분노의 얼굴에 작은 동그라미를 그릴 수 있는데, 그 옆에는 (갈 5:19-21을 예로 들면) "음행과 더러운 것과 호색과 우상 숭배와 주술과 원수 맺는 것과 분쟁과 시기와…… 당 짓는 것과 분열함과 이단과 투기와 술 취함과 방탕함과 또 그와 같은 것들"이 있다. 분노는 추악한 무리 가운데 하나일 뿐이다. 우리는 나머지 사촌들도 잊어서는 안 된다.

그런데 우리가 이 가족사진에서 찾을 수 있는 것은 익덕과 죄 밀고도 더 있다. 대체로 분노가 맨 앞에 가장 당당하게 서 있기는 하지만, 온갖 종류의 다른 감정들이 뒤에 숨어 있다. 자세히 들여다보면, 슬픔과 후회와 수치와 절망을 발견할 것이다. 하지만 분노는 요란한 녀석이어서 모두의 관심을 한 몸에 받는다. 도대체 무엇인지 알 길이 없어서 잘 들여다보아야 하는 것이 바로 분노다. 나머지 사촌들은 거의 주목을 받지 못한다.

PART / 1

인간의 분노를 알라

: 성경이 말하는 인간의 분노

이 책의 1부에서는 인간이 어떻게 분노를 경험하는지 성경을 통해 들여다볼 것이다. 분노라는 주제를 신학적으로 접근한다면 하나님의 분노에서부터 시작해야 할지도 모르겠다. 하지만 먼저 인간의 분노를 어느 정도 이해해야만 성경이 하나님의 분노를 묘사하는 내용을 이해할 수 있다. 그러니 인간의 이야기에서부터 시작해 보자.

분노가 나타난 성경 이야기들은 우리에게 분노에 대해 가르칠 목적으로 기록되지 않았다. 그 이야기들은 예수 그리스도 안에 있는 하나님의 구원 계획이라는 놀라운 성경 이야기의 일부다. 그리고 이 이야기들은 다른 무엇보다도 그 구원 이야기를 들려준다. 그럼에도, 성령의 영감을 받은 인간 저자들이 들려주는 이 이야기들은 하나님이 인간의 분노를 어떻게 보시는지 정확히 보여 준다.

각각의 이야기에서 분노를 관찰하는 것만으로는 부족하다. 분노가 포함된 이야기 전체를 이해해야 한다. 자신의 분노나 우리가 도우려 하는 다른 사람들의 분노를 이해하려 할 때도 마찬가지다. 사연을 알 필요가 있다. 이야기에 대해 많이 알면 알수록, 분노가 나타난 이유를 더 잘 이해할 수 있다.

인간의 분노를 조사하기 위한 기초 자료로 성경을 선택할 때 한 가지 문제는, 성경이 묘사하는 분노가 대부분 남자 이야기라는 것이다. 물론 분노는 남녀노소 모두 경험하는 보편적인 문제다.

우리는 성경이 인간의 분노에 대해 가르치는 내용을 연구한 결과, 통제와 소유와 성 그리고 명성, 이 네 가지 측면이 계속 부각되는 것을 발견했다. 이제부터 자세히 살펴보자.

chapter / 1

분노와 인간의 마음

분노가 일어나는 계기는 다양하다. 분노는 그 사람이 무엇을 진정으로 가치 있고 소중하게 여기는지를 어떻게든 드러내기 마련이다. 내가 소중하게 여기는 것을 누가 **빼앗아** 가거나 위협하면 마음속에 분노가 일어난다. 내가 그것을 잃어버릴지도 모른다고 느끼면 화를 내게 된다. 정말로 잃어버리면, 그 사실에 분노한다.

성경은 우리가 잃어버리거나 잃어버릴 위험에 처했을 때 분노를 느끼는 소중한 것 네 가지를 강조하고 있다.

1. 통제

내가 계획을 세운다. 내가 꿈을 꾼다. 내 꿈을 성취하고 내 계획을 달성하기 원한다. 특정 장소에 빨리 도달하고 싶다. 내 부서를 운영하고 싶다. 내가 바라는 대로 결혼생활을 꾸리고 싶다. 내 가족을 통제하고 싶다. 내가 책임진다. 누군가 방해하면, 화가 난다. 누구든 내 통제를 간섭하기 때문에 화가 난다.

다니엘서(와 실제 역사)에서 바벨론의 느부갓네살왕은 굉장히 화를 잘 낸다. 다니엘 2장에서 왕은 뒤숭숭한 꿈을 꾼다. 그는 자신의 조언자인 왕궁 마술사들이 꿈 해석을 꾸며내는 것 같아 그들에게 먼저 꿈의 내용을 맞춰 보라고 고집한다. 그들이 말도 안 되는 일이라고 거부하자 왕은 "이로 말미암아 진노하고 통분하여 바벨론의 모든 지혜자들을 다 죽이라 명령"(12절)했다. 말하자면, 이런 뜻이다. "내가 바로 바벨론의 황제, 세상에서 가장 큰 권력을 가진 사람이다! 나는 내 제국에 있는 모든 사람을 통제하고, 통제해야 한다. 그런데 내 왕국의 신하들이 무능하여 내 명령을 제대로 수행하지 못하다니!" 자신의 통제력에 한계를 느끼고 좌절한 그는 버럭 성을 내면서 분노를 폭발한다. 그는 분노의 칼을 뽑아 들고 내리꽂으면서 그들을 모두 죽이겠다고 위협한다.

다니엘 3장에서 느부갓네살은 엄청난 통제력을 발휘해 거대한 금 신상을 세우고는 모든 백성에게 그 앞에서 절하고 예배하라고 명령한다. 신상에 절을 하면 왕의 통제력에 복종한다는 뜻이다. 하지만 세 유대인이 그의 통제력에 복종하기를 거부한다. "느부갓네살 왕이 노하고 분하여"(13절) 그들을 끌어오라고 명령한다. 세 사람이 왕 앞에서도 명령에 복종하기를 단호히 거부하자, "느부갓네살이 분이 가득하여 사드락과 메삭과 아벳느고를 향하여 얼굴빛을 바꾸고"(19절). 왕이 이들을 집어넣은 이글거리는 풀무불은 그의 불같은 분노를 잘 표현해 준다.

다윗왕이 언약궤를 예루살렘으로 옮기는 이야기에서, 통제력을 잃고 분노를 터뜨리는 또 다른 경우를 찾아볼 수 있다. 다윗은 아주 경사스러운 날을 맞았다. 그런데 이렇게 좋은 날에 웃사가 불경하게도 궤를 만지고 말았다. 거룩하신 하나님이 그를 치셔서 웃사는 즉사하고 만다. 앞으로 2부에서 이 하나님의 분노에 대해 다룰 예정이지만, 우선은 다윗의 분노에 주목해 보자. "여호와께서 웃사를 치시므로 다윗이 분하여⋯⋯ 다윗이 그 날에 여호와를 두려워하여"(삼하 6:8-9). 다윗은 분하면서도 두려웠다. 그는 자신이 왕으로서 이 축제를 책임지고 통제하는 즐거운 경험이 하나님의 분노 때문에 망가져서 분했던 것 같다. 그러면서도 그는 두려웠다. 그의 분노의 핵심에는 통제력을 갖고 싶은 마음과 그 통제력을 잃어버린 데 따른 두려움이 있었다.

느부갓네살과 다윗은 모두 현시점에서 통제력을 잃어버린 데 대해 분노한다. 그런데 성경의 다른 곳을 보면, 미래에 통제력을 잃을 수도 있다는 두려움이 분노를 일으킨 사례가 나온다.

사울왕은 어린 다윗이 자신의 통치를 위협하는 현실을 목격하고 분노한다. 사무엘상 15-17장에서 하나님은 사울을 거부하고 다윗에게 기름을 부으신다. 다윗은 골리앗을 물리친다. 사무엘상 18장 초반에서(1-5절) 다윗은 전쟁에서 승승장구하는데, 사울의 아들이

자 후계자인 요나단은 자신보다는 다윗을 사울을 이어 왕이 될 자로 인정한다. 다윗이 전쟁에서 이기고 돌아오자 이스라엘 여인들은 사울왕을 맞으러 나가서 이렇게 노래한다.

"사울이 죽인 자는 천천이요 다윗은 만만이로다"(7절).

사울은 바람이 어디를 향해 부는지 직감한다. 자신의 통치가 위협받는 것을 알았다. "사울이 그 말에 불쾌하여 심히 노하여 이르되 다윗에게는 만만을 돌리고 내게는 천천만 돌리니 그가 더 얻을 것이 나라 말고 무엇이냐 하고"(8절). 무엇이 사울의 화를 돋우는가? 자신의 왕국에 대한 위협이다. 그는 통제력을 잃고 있었다. 왕의 위엄을 잃고 있었다. 권력을 잃고 있었다. 자신이 통치한다고 철석같이 믿었던 나라가 손아귀에서 빠져나가고 있었다. 그런데 아무것도 할 수 없다는 무력감이 그를 미치도록 화나게 했다.

느헤미야는 포로 생활에서 돌아와 예루살렘 성벽을 재건하려 한다(느 1-3장). 이 성벽은 하나님 백성의 새로운 정체성을 상징할 것이다. 하지만 모두가 이 일을 기뻐하는 것은 아니다. 바사 제국의 비호 아래 이 지역에서 상당한 통제권을 누리던 영주들은 자신의 세력이 위협당하는 것을 느꼈다. 산발랏도 그중 한 사람이다(느 2:10, 19). "산발랏이 우리가 성을 건축한다 함을 듣고 크게 분노하여"(느 4:1). 산발랏은 자신의 통제력이 위협을 받자 분노한다.

통제력을 상실하고 분노를 표현하는 또 다른 경우를 요나서에서 볼 수 있다. 요나의 예언을 담은 4장에서 그는 아무리 좋게 표현해도 토라진 십 대와 같은 상태다. 요나는 니느웨 성에 무슨 일이 벌어지는지 보려고 니느웨 동쪽 언덕에 올라간다. 40일이 지나도록 하나님이 약속하신 심판을 내리지 않으시자 요나는 화를 낸다. 비로소 그가 필사적으로 다시스로 가려 한 동기가 무엇인지 드러난다. 요나는 노하기를 더디 하시고 인자가 크신 하나님이 화를 누그러뜨리고 니느웨에 약속한 심판을 내리지 않으실까 늘 의심했다. 요나는 그런 상황을 원치 않았기에, 자신이 주도권을 잡고자 할 수 있는 모든 일을 했다. 다른 곳으로 도망쳐서 심판을 전하지 않으면 그들이 회개할 기회도 없으리라고 생각했다. 하지만 폭풍우와 큰 물고기 사건을 겪은 후 어쩔 수 없이 니느웨로 향했고, 성읍에 구원이 임했다. 하지만 그들의 회개를 기뻐하기는커녕, 자신이 통제력을 잃었다는 생각에 화를 낸다.

우리는 사울이나 산발랏이 겁을 먹고 화를 낸 이유를 이해할 수 있다. 어쩌면 토라진 요나의 마음도 이해할 만하다. 하지만 신약성경 초반부의 영아 살해를 야기한 헤롯의 분노를 이해하기는 어렵다. "헤롯 왕 때에"(마 2:1) 예수님이 나신다. 동방 박사들이 예루살렘에 와서 묻는다. "유대인의 왕으로 나신 이가 어디 계시냐"(2절). 헤롯은 이 새로운 왕에 대해 듣고서 처음에는 "근심했다"(3절, 현대인의성경). 그다음에는, 박사들이 헤롯의 속임수에 가담하지 않고 오히려 그를 속인 것을 알고는 "심히 노하여"(16절) 베들레헴과 그 주변의 모든 사내아이를 죽인다. 사울과 산발랏처럼 헤롯이 분노한 이유의 뿌리에는 자신의 통제력에 대한 위협이 있다.

이 사람들은 우리가 일상에서 작은 규모로 겪는 일을 확대하여 보여 준다. 우리는 자신의 소중한 통제력을 잃어서 화를 낸다. 또는 그 통제력을 잃을지도 모른다는 두려움에 분노한다. 하지만 지금 통제력을 잃어서건, 미래에 통제력을 잃을 것 같아서건 우리 분노의 뿌리에는 자신이 소중히 여기는 통제력이 자리하고 있다.

2. 소유

소유는 통제와 밀접하게 연관되어 있다. 무언가를 소유하면, 그것을 통제하게 된다. 그것은 내 것이다. 내 마음대로 할 수 있다. 소유욕이 좌절될 때 분노로 이어질 수 있다.

열왕기상 21장은 아합왕과 나봇의 포도원 이야기를 들려준다. 아합이 나봇의 포도원에 눈독을 들이면서 이 끔찍한 이야기가 시작된다. 아합은 포도원을 갖기 원한다. 포도원을 자기 소유로 만들기 원한다. 왕은 포도원을 사겠다고 제안하지만, 나봇은 약속의 땅에 있는 조상의 유산이라는 이유로 거절한다. "이스르엘 사람 나봇이 아합에게 대답하여 이르기를 내 조상의 유산을 왕께 줄 수 없다 하므로 아합이 근심하고 답답하여 왕궁으로 돌아와"(4절). 다양한 성경 번역을 참고하면, 아합은 "근심하고 답답하여"(개역개정), "마음이 상했다. 화를 내며"(새번역), "기분이 나빠 시무룩한 채"(현대인의성경), "마음이 몹시 상한 채"(메시지) 돌아갔다. 좌절감이 그의 마음속에서 서서히 분노로 끓어오른 것이 틀림없다.

이야기가 전개되면서 아합이 뽑아 든 칼, 곧 그의 침울한 짜증은 최악의 살인을 불러온다. 그 분노의 뿌리에는 좌절된 소유욕이 있다. 우리도 무언가를 갖고 싶은 바람이 좌절될 때 종종 분노를 느끼지 않는가? 가장 사소한 차원에서는 "품절입니다."라는 말만 듣고도 기분이 나빠져서 칼로 손을 뻗을 수 있다. "왜 품절이죠? 꼭 사고 싶은데요. 지금 당장 필요하단 말이에요!"

3. 성적 친밀감과 즐거움

남녀를 불문하고 모든 사람은 성적 즐거움에 큰 가치를 둔다. 잠언은 젊은 남성에게 다른 남자의 아내와 동침하지 말라고 경고하면서 이렇게 말한다.

"여인과 간음하는 자는 무지한 자라 이것을 행하는 자는 자기의 영혼을 망하게 하며 상함과 능욕을 받고 부끄러움을 씻을 수 없게 되나니 남편이 투기로 분노하여 원수 갚는 날에 용서하지 아니하고 어떤 보상도 받지 아니하며 많은 선물을 줄지라도 듣지 아니하리라"(잠 6:32-35).

결혼한 사람들은 배우자와의 배타적인 친밀감을 매우 중요하게 여긴다. 그래서 불륜으로 그 친밀감을 빼앗겼을 때 무한한 분노를 느낀다. 불륜을 저지르는 사람들은 타인의 너무나 소중한 친밀감을 훔치고 있다는 사실을 알아야 한다. 아무리 큰돈으로도 그 도둑질을 변상할 수 없다.

암논이 배다른 누이 다말을 강간한 끔찍한 이야기에서, 성(性)이 아주 음울한 방식으로 분노를 일으키는 또 다른 사례를 볼 수 있다 (삼하 13장). 다말에게 첫눈에 반한 암논은 그녀와 성적 즐거움을 나누는 환상을 품는다. 암논은 다말을 속여서 강제로 욕보인다. 그런데 강간 직후에 무슨 일이 벌어지는가? "그리하고 암논이 그를 심히 미워하니 이제 미워하는 미움이 전에 사랑하던 사랑보다 더한지라"(15절). 왜 이토록 심히 미워하게 되었을까? 어쨌든 그는 다말에 대한 욕정을 채우지 않았는가? 그런데도 이렇게 분노하며 그녀를 미워하게 된 이유는 무엇일까? 암논은 다말을 가시면 마음이 흡족할 거라고 생각했다. 자신의 욕구를 채우면 기분이 좋고 만족스러울 거라고 확신했다. 그런데 실상은 달랐다. 친밀감이 빠진 성행위는 즐거움과 만족을 주지 못하기 때문이다.

암논은 다말의 몸을 가졌을지는 몰라도, 그녀의 마음을 얻지는 못했다. 오히려 역효과가 났다. 다말은 이 일로 암논을 경멸했다. 욕망에 정신이 팔린 그는 다말과 동침하면 기분이 좋아질 거라고 상상했지만, 다말이 자신을 전혀 원하지 않았다는 것을 분명히 깨닫고는 수치심을 느꼈다. 수치심에 빠진 그는 응석받이 어린아이처럼 불같이 화를 냈다.

부당한 대우를 당한 남편의 정당한 분노와, 실망한 강간범의 악하고 왜곡된 분노는 모두 우리가 성적 즐거움에 부여하는 큰 가치를 증명해 준다. 결혼 관계에서든 혼외 관계에서든, 분노와 성은 매우 밀접한 관계다.

4. 명성

상처받은 자존심은 분노를 일으키는 아주 흔한 원인이다. 내 명성, 내 이름, 내가 다른 사람들에게서 기대하는 높은 평가는 매우 소중하다. 다른 사람들이 나를 좋게 보는 것이 중요하다. 이런 좋은 평가를 위협하는 일이 생길 때 언제든 분노가 일어날 수 있다. 다음 네 가지 예시는 이를 아주 잘 보여 준다.

첫 번째는 이방 선지자 발람과 그의 나귀 이야기이다(민 22:21-29). 발람이 나귀를 타고 모압 고관들과 함께 가는데, 여호와의 사자가 그의 길을 막는다. 나귀는 여호와의 사자가 칼을 손에 든 모습을 보고 꼼짝도 하지 않는다. 발람이 거듭 채찍질해 보지만, 나귀는 발람을 등에 태운 채 땅에 주저앉는다. 남들 눈에는 우스꽝스러운 상황이지만, 발람은 심각하다. 나귀 때문에 웃음거리가 되어 버린 그는 몹시 화를 낸다. 여호와께서 나귀의 입을 여시자 나귀가 발람에게 말한다. "내가 당신에게 무엇을 하였기에 나를 이같이 세 번을 때리느냐"(28절). 그러니까 "왜 화를 내느냐? 무엇 때문에 그렇게 분노하느냐?"라는 말이다. 발람은 이렇게 대답한다. "네가 나를 거역하기 때문이니 내 손에 칼이 있었더면 곧 너를 죽였으리라"(29절). 발람은 자신이 뽑아 든 분노의 칼이 진짜 칼이었으면 하고 바란다. 그는 자신의 명성이 훼손되어서 화를 낸다. 남들 눈에 웃음거리가 되고, 스스로 바보가 된 것처럼 느껴졌다.

두 번째는 사무엘상 25장에 나오는 나발(히브리어로 "바보"라는 뜻으로, 아마도 별명일 것이다)과 다윗 이야기다. 다윗은 이 성미 고약한 땅 주인에게 소년들을 보내서 자기 사람들에게 먹을 것을 좀 달라고 요청한다. 하지만 나발은 발끈하여 거절하면서 이렇게 묻는다. "다윗은 누구며 이새의 아들은 누구냐 요즈음에 각기 주인에게서 억지로 떠나는 종이 많도다 내가 어찌 내 떡과 물과…… 고기를 가져다가 어디서 왔는지도 알지 못하는 자들에게 주겠느냐"(10-11절). 그는 다윗을 모욕한다. 다윗의 소년들이 돌아와 이 모욕적인 말을 전하자 "다윗이 자기 사람들에게 이르되 너희는 각기 칼을 차라" 하고 앙갚음하기 위해 올라간다(13절). 다윗은 자신의 명성이 훼손되자 화를 낸다. "도대체 다윗이란 자가 누구냐"(10절, 새번역).

세 번째 예를 살펴보기 위해 조금 더 후대인 유다 웃시야왕 시대로 가 보자. 그는 훌륭한 왕이고 오랫동안 다스렸지만, "강성하여지매 그의 마음이 교만"해졌다(대하 26:16). 웃시야는 성전에 들어가서 제사장의 특권을 취하여 향단에 분향하려 했다. 제사장 아사랴가 다른 제사장들을 데리고 뒤따라 들어가서 용감하게 그를 제지하자 "웃시야가…… 화를 내니"(19절). 이야기의 결말은 그리 좋지 않다. 하지만 우리가 주목할 점은 그의 분노와 자존심이 밀접하게 연결되어 있다는 것이다. 의로운 제사장들이 그의 자존심을 건드리자 그는 화를 낸다.

마지막으로 살펴볼 예는 에스더 시대의 바사 왕 크세르크세스 혹은 아하수에로다. 그는 아름다운 왕후 와스디를 청하여 후원 뜰로 나아오게 한다. "그의 아리따움을 뭇 백성과 지방관들에게 보이게 하라 하니 이는 왕후의 용모가 보기에 좋음이라"(에 1:11). 왕은 아내를 뽐내고 싶어 한다. 다른 남자들에게 자기 여자가 가장 예쁘다는 것을 증명하려 한다. 왕의 요구사항은 분명하다. 그는 어전 내시 일곱 사람을 보내서 왕후에게 왕명을 전한다. 왕이 이런 메시지를 보낸 것은 잔치에 참석한 모든 사람이 다 아는 사실이다. "그러나 왕후 와스디는…… 왕명을 따르기를 싫어하니 왕이 진노하여 마음속이 불붙는 듯하더라"(12절). 왕이 그렇게 화를 낸 이유는 이해할 만한데, 그가 공개적으로 모욕을 당했기 때문이다. 왕후는 그의 명성을 심각하게 훼손했다. 요즘 같으면, '#와스디거절' 같은 해시태그가 달린 트윗이 인터넷에 돌고, 온 국민이 우스꽝스러운 왕을 비웃었을 것이다. 그래서 그는 몹시 성을 낸다.

앞서 언급했듯이, 성경 속 분노하는 사람의 예는 주로 남성이다. 하지만 분노의 근본적인 이유를 살펴보면, 분노를 일으키는 원인이 남녀 모두에게 공통적이라는 점을 분명히 알 수 있다. 사회적 압박에 따라 남성과 여성이 분노를 표현하는 방식이 조금 다를 수는 있지만, 남녀가 분노를 경험하고 표현하는 방식을 살피다 보면 차이점보다는 유사점이 훨씬 더 두드러진다.

분노의 원인

분노를 일으키는 흔한 원인(통제하려는 마음, 소유욕, 성적 친밀감에 부여하는 높은 가치, 명성을 소중히 여기는 것)에 대한 조사는 분노의 이성적인 차원을 생각하게 한다. 화를 내는 데는 이유가 있다. 매슈 엘리엇(Matthew Elliott)이 『충실한 감정들』(Faithful Feelings)에서 확실하게 주장했듯이, 분노에는 인지적 차원이 있다. 분노는 우리가 고스란히 당하기만 하는, 외부에서 시작된 격렬한 힘이 아니다. 분노가 발생하는 과정이 있다. 엘리엇은 철학자 윌리엄 라이언스(William Lyons)의 개념을 가져다가 다음과 같이 그 과정을 설명한다.[1]

1. 인식

내가 무언가를 보거나 듣는다. 무슨 일이 내게 벌어지고 있거나 곧 벌어진다는 것을 알아차린다. 나귀가 내 말을 듣지 않는다. 이 사내는 내게 포도원을 팔지 않을 것이다. 이 여자는 내게 만족을 주지 못

---

[1] Matthew Elliott, *Faithful Feelings: Rethinking Emotion in the New Testament* (Grand Rapids, MI: Kregel, 2006), 31-42. 다음 책을 인용함. William Lyons, *Emotion* (Cambridge, UK: Cambridge University Press, 1980).

할 것이다. 새 왕이 내 통제력을 위협한다. 무엇이 됐든, 가장 먼저 는 이런 일이 벌어지고 있음을 인식하는 것이다.

2. 평가

현 상황을 평가한다. 그 일이 마음에 드는지 안 드는지 결정한다. 나귀가 나를 바보로 만들어서, 이 사내가 포도원을 팔지 않아서, 이 여자가 만족을 주지 못해서, 새 왕이 내 통제력을 위협해서 마음에 들지 않는다. 인식(지금 벌어지는 일을 관찰하는 것)이 평가(그 일을 좋아할지 말지 결정하는 것)로 이어진다.

3. 감정

앞선 인식과 평가에 따른 감정을 느낀다. 마음에 들지 않으면, 더 나아가 그 때문에 상처를 받으면 분노하기 시작한다. 심장이 빨리 뛰고 혈압이 오르고 당혹스럽고 화가 나서 몸이 떨린다.

분노의 현상을 표현하는 이 합리적인 과정은 다음과 같은 도덕적인 질문을 제기한다. "내가 빼앗기거나 위협받을까 봐 두려워하는 그것을 그 정도로 가치 있게 여기는 일이 과연 옳은가? 그렇다면 내가 화를 내는 것도 옳은가?" 여호와께서는 이런 도덕적인 질문을 던지신다. "네가 분하여 함은 어찌 됨이며"(창 4:6), "네가 성내는 것이 옳으냐"(욘 4:4, 9).

여호와의 질문은 분노의 뿌리를 겨냥한다. 무슨 이유로 너는 화를 내는가? 네가 그토록 소중히 여겨서 잃어버릴 수 있다는 생각만으로도 분노하게 되는 그것은 무엇인가? 네가 그것을 그토록 소중히 여기는 것이 옳은가?

앤드루 캐머런(Andrew Cameron)이 "기독교 최초이자 가장 중요한 인간 감정 이론가"라고 한 아우구스티누스(Augustine)는 『하나님의 도성』(*The City of God*)에서 이렇게 썼다.

> 우리의 윤리에 따르면, 우리는 경건한 영혼이 분노하느냐는 것보다는 분노하는 원인을, 그가 슬퍼하느냐는 것보다는 슬퍼하는 원인을, 그가 두려워하느냐는 것보다는 무엇을 두려워하는지를 질문한다. 건전한 사고방식을 지닌 사람이라면, 악한 행동을 하는 사람을 바로잡기 위한 분노와 고통당하는 사람을 위로하기 위한 슬픔과 위험에 처한 사람을 죽음에서 건지기 위한 두려움에 비난을 가하지 못할 것이다.[2]

사람이 화를 내느냐의 **여부**에서 사람이 화를 내는 **이유**로 초점이 옮겨 가는 것이 핵심이다. 분노는 인간 마음속에 있는 무언가를 드러낸다. 분노는 한 사람이 소중히 여기는 것을 보여 주고, 하나님

---

2) Augustine, *Augustine: The City of God against the Pagans*, R. W. Dyson 번역 및 편집, Cambridge Texts in the History of Political Thought (Cambridge, UK: Cambridge University Press, 1998), 365.

에 대해 어떤 태도를 가지고 있는지도 드러낸다. 이는 다음과 같은 질문들을 불러온다. "내가 이것을 소중히 여기는 것은 옳은가? 하나님을 이렇게 대하는 것이 옳은가?"

분노의 경험을 마주했을 때 우리는 분노가 커튼을 젖혀서 자기 마음의 작용을 드러낸다는 사실을 알게 된다. 이제부터는 이런 마음의 태도들을 살펴보려 한다.

chapter / 2
분노의 핵심

성경은 인간의 분노가 다양한 형태를 띤다는 사실을 보여 준다. 사울왕의 폭발하는 분노, 요나 선지자의 토라짐, 발람의 우스꽝스러운 짜증, 암논의 소름 끼치는 증오, 느부갓네살의 발을 동동 구르는 분노, 아합왕의 시무룩한 분개까지 분노는 천의 얼굴을 가질 수 있다.

분노의 여러 얼굴

사람은 누구나 분노의 다양한 형태를 알아차릴 수 있을 만큼 많은 분노를 경험했다(내가 분노하든, 누군가가 내게 분노하든 간에). 분노는 격하기도 하고 냉정하기도 하며, 짧게 끝나기도 하고 오래 지속되기도 하며, 전반적이기도 하고 구체적이기도 하다. 분노는 우리에게 힘을 불어넣어 어떤 행동을 유도하는가 하면, 자기 연민에 빠져 꼼짝 못하게도 한다.

- 분노는 우리의 인식을 형성한다. 아내에게 무시당하는 남편은 자신이 푸대접을 받는다고 느낄 만한 이유를 수천 가지는 가지고 있다. 아내와 대화할수록 부당하다는 느낌이 더해 간다. 그는 마치 사탕을 녹여 먹듯이, 아내와 주고받은 모든 말과 행동을 마음속에서 하나씩 되풀이한다. 그러다가 결국에는 분노의 맛을 느끼게 된다. 자존감에 상처를 준 모욕들을 다시 곱씹을 때마다 자신이 옳다는 분개심은 더 커져만 간다.

- 분노는 삶의 면면에 스며 있다. 과중한 업무에 시달리는 아내는 자신이 짊어진 일들을 인식한다. 직장에서는 할 일이 태산 같고, 집에서도 도와주는 사람이 아무도 없다. 감사하는 이도 없다. 분노가 조금씩 그녀를 사로잡는다. 불같은 시선, 경직된 어깨, 앙다문 입술. 그러다가 그녀의 입에서 나오는 모든 말에 분노가 묻어난다. 그것은 그녀의 마음에서 시작된 것이다.

- 분노는 혼자서 움직이는 경우가 드물다. 우울감, 질투, 염려, 수치심, 두려움 등 다양한 친구가 있다. 때로는 이 친구들이 너무 시끄러운 나머지, 분노가 눈에 띄지 않을 때도 있다. 아무도 모르게 분노는 조용히 계속해서 내면을 좀먹는다. 희망을 갉아먹고, 관계를 파괴하고, 영적인 활력을 조금씩 깎아내다가 결국에는 그리스도까지 거슬리는 지경이 되고 만다.

- 분노는 우리를 고립시키기도 한다. 불에 단련된 철 같이 단단한 분노가 우리 마음을 덮으면 아무것도 뚫지 못한다. 복음의 소망도, 그리스도의 사랑의 위로도, 성령님과의 교제도, 긍휼이나 자비도 소용없다(빌 2:1-2). 아무것도 마음을 통과할 수 없고, 아무것도 우리에게 도달하거나 영향을 미칠 수 없는데, 그 이유는 모두 분노 때문이다. 우리는 도움을 받을 수도, 다른 사람의 손길을 받을 수도 없고, 회복되지도 못할 것이다. 그러면서도 분노 때문에 이런 일이 벌어지고 있다는 사실조차 깨닫지 못한다.

- 숨은 분노는 가장 미묘한 문제가 틀림없다. 자신이 분노한다는 사실을 인식하지 못하면, 분노를 없애려고 애쓰지도 않을 테니 말이다. 그래서 사람들은 분노를 인식하지 못한 채 오랫동안 분노를 품을 수 있다. 그들이 보기에는, 자신의 분노가 문제가 아니라 그들을 곤란하게 하는 온갖 사람과 상황이 문제다. 그들은 잔뜩 화가 난 게 아니라, 제대로 대접을 받지 못한 것이다. 그러니 해결책은 '내 안에' 있지 않고 '저 밖에' 있다. 내가 세상을 대하는 방식이 아니라, 세상이 나를 대하는 방식이 변해야 한다. 문제의 원인이 내게 있다는 생각은 전혀 들지 않는다. 하지만 세월이 흐르면서, 마음속 쓰디쓴 분노는 내가 보고 행동하는 모든 것에 끊임없이 영향을 미친다.

어쩌면 분노에는 천의 얼굴이 있다는 사실 때문에 우리는 분노를 있는 모습 그대로 발견하지 못하는지도 모른다.

분노의 여러 원인

성경에 나타난 분노를 보면, 분노가 발전하는 기초를 형성하는 다양한 요인을 알 수 있다.

- 우리는 통제력을 원하지만, 상황은 우리 손아귀를 벗어나 짜증 스럽게, 심지어 미칠 듯이 돌아간다. (밥을 먹으려 하지 않는 아이를 둔 부모를 생각해 보라.)

- 우리는 무언가를 소유하기 원하지만, 그런 욕구는 좌절된다. 원하는 것을 손에 넣을 수 없다. (계산대 앞 진열대에 놓인 장난감을 사 달라고 했다가 거절당해서 난리를 피우는 아이를 생각해 보라. 배송이 제때 되지 않아 신상 핸드폰을 손에 쥐지 못한 사람은 어떤가?)

- 우리는 성적 만족감을 원하지만, "오늘 밤은 안 돼."라는 대답을 듣고는 뜨거웠던 열정의 방향이 조금 달라진다. (저녁 식사를 함께하면서 오늘 밤이 어떻게 끝날지 전혀 다르게 상상하는 두 사람을 생각해 보라.)

- 우리는 존중과 존경과 인정을 원하지만, 세상은 우리가 스스로 내리는 좋은 평가에 동의하지 않는 것 같아 몹시 짜증난다. (실망스런 업무 평가, 접대에 별 감흥이 없는 손님, 사회적인 냉대를 생각해 보라.)

이것들은 우리의 욕구가 좌절되었을 때 분노를 일으키는 서너 가지 상황을 예로 든 것이다. 이런 욕구들을 구분하기가 얼마나 어려운지 모른다. 이 모든 욕구는 혼란스럽게 엉클어져 있다.

포도원을 갖기 원하는 아합의 마음(왕상 21장)은 통제에 대한 욕구로 묘사될 수 있고, 다말과 성적 친밀감을 원하는 암논의 마음은 소유욕으로 표현될 수 있다. 암논은 다말을 '갖고' 싶어 한다. 다말을 이렇게 소유하는 것은 권력과 통제의 남용으로 묘사될 수 있다. 강간은 한 사람이 다른 사람에게 강요하는 것이다. 자신의 힘을 남용하고, 자신의 만족을 위해 타인을 통제하는 것이다. 소유, 성욕, 통제는 모두 한데 얽혀 있어서 경계가 모호하다.

자신의 명성에 대한 관심이 지나쳐서 분노로 변할 때 이와 비슷한 일이 벌어진다. 발람은 왜 자신이 바보 취급을 당했다고 느끼는가? 그는 어떻게 왜 나귀 때문에 망신을 당하게 되었는가? 그 답은 아하수에로가 와스디에게 거절을 당했을 때 불쾌감을 느낀 이유와 밀접해 보인다. 두 사람 모두 자신이 통제력을 행사할 권한이 있다고 믿었다. 둘은 다른 이들이 자신의 뜻에 굴복하기를 기대(하거나 요구)했다. 발람은 나귀가 자신에게 복종해야 한다고 생각했다. 그에게는 그런 순종을 기대할 권리가 있었다. 아하수에로도 왕후에게 같은 것을 기대했다. 그들은 사람들 앞에서 발가벗겨졌다는 느낌에 먼저는 수치심을, 그다음에는 분노를 느꼈다. 발람과 아하수에로 모두 자신에게 있어야 한다고 믿었던 통제력을 가지지 못했다. 통제력을 잃고 그토록 수치심을 느낀 까닭은 그것이 그들 자신에 대해 믿는 것과 상충되는 무언가를 말해 주었기 때문이다.

이 모든 상황에서 우리는 분노가 기대와 어떻게 상충되는지 볼 수 있다. 사람들이 나를 어떻게 대해야 하는지, 내가 무엇을 소유해야 하는지, 내가 어떤 통제력을 발휘해야 하는지에 대해 내가 믿는 바가 있다. 그런데 그렇지 못하다고 말해 주는 상황이 발생하면, 극도로 화를 내게 된다.

모든 원인 배후에 있는 원인: 분노의 핵심

그렇다면 이 자신감은 무엇인가? 분노를 폭발시키는 실망감 아래에는 자신에 대한 어떤 확신이 자리하고 있는가?

그것은 모든 죄의 근원이 되는 죄, 인류 최초의 가장 근본적인 실수, 바로 신이 되려는 욕구다.

사탄이 아담과 하와를 유혹하여 선악을 알게 하는 나무의 열매를 따 먹게 한 이후로, 바로 이것이 인간의 마음을 괴롭히고 더럽힌 가장 본질적인 실패이다. 사탄은 이렇게 인간을 유혹한다. "너희가 그것을 먹는 날에는 너희 눈이 밝아져 하나님과 같이 되어 선악을 알 줄 하나님이 아심이니라"(창 3:5). 인류 최초의 죄를 불러온 것은 바로 권력을 손에 쥘 수 있다는 가능성, 통제에 대한 기대, 소유할 권리, 강한 자만심, 하나님처럼 될 수 있다는 가능성이었다. 그 이후로 인간의 역사 내내 동일한 정서가 인간에게 죄를 짓도록 추동했다.

물론 냉정하게 생각해 보면, 우리가 전능한 신이라는 생각은 솔직히 터무니없다. 면도하다가 살을 베고, 진흙탕에 발을 헛디디고, 버스에 핸드폰을 두고 내린 아침이면 내가 신이라는 오해를 품고 얼마나 살아갈 수 있을지 의구심이 든다. 하지만 죄란 원래 그런 것이어서 이성의 영역에 존재한 적이 없다. 죄는 착각, 일종의 정신 이상이다. 그런 착란 상태에서 나는 세상이 내 뜻에 굴복해야 한다는 듯 행동할 수 있다.

분노가 심각하게 비이성적인 이유는 죄가 심각하게 비이성적이기 때문이다.[1]

아버지가 식탁에서 격분하여 조용히 좀 하라고 고함을 치는 이유는 약간의 평화를 누리고 싶기 때문이다. 애인에게 소리를 지르는 사람은 사랑과 존중을 바라기 때문이다. 이들의 분노는 자신이 찾고자 하는 것을 오히려 망가뜨리고 있다. 식탁에 흐르는 어색한 침묵은 평화와는 거리가 멀다. 연인의 이기적인 요구 때문에 오히려 둘의 관계는 사랑에서 멀어져 버린다.

---

1) Ed Welch, "The Madness of Anger," *Journal of Biblical Counseling* 24 (2006): 26–35.

죄인인 우리는 만사가 내 뜻대로 되어야 한다고 믿는다. 일상의 좌절을 어떻게든 극복해야 한다고 믿는다. 교통 체증이 우리의 여정을 방해해서는 안 되고, 기차가 취소되어 일정이 어그러지는 일은 없어야 한다. 핸드폰을 어디에 두었는지 잊어버리거나 식기세척기를 깜빡하고 끄지 않는 일은 절대 없어야 한다. 그런 일은 절대 일어나서는 안 된다. 나 같은 사람에게는 절대 안 된다. 내가 죄에 미쳐서 스스로가 하나님이라는 착각 속에 움직이고 있을 때는 절대 안 된다.

분노는 우리 죄가 얼마나 허황되었는지 드러낸다

분노의 특징을 오랫동안 뚫어지게 관찰하다 보면, 확실히 무언가 불편하다. 바보가 된 기분이 든다.

가구를 제대로 조립하지 못할 때 왜 화를 내는지 생각해 보라. 마치 판을 맞추고 나사를 돌리는 기술이 자신의 가치를 측정하는 유일한 기준이라도 되는 듯 행동한다. "그렇게 중요한 것도 아닌데 그냥 놔두면 어때서?" 누군가가 (상식이 있는 사람이라면 안전한 거리를 두고) 그렇게 제안하면, 마음속 깊은 곳에서는 그 말이 옳다고 인정한다. 정말로 그렇게 중요하지는 **않으니까**. 그런데 그렇게 중요한 것처럼 행동하고 있다는 사실이 **더더욱** 굴욕스럽다.

하지만 그것을 인정하는 데만도 (우리가 정말 그럴 수만 있다면) 어마어마하게 긴 시간이 걸릴 수도 있다. 자신에게 창조세계에 대한 신

같은 절대적인 통제력을 기대하기 시작하면, 그것이 정말로 중요해져서 그만둘 수 없기 때문이다. 그래서 밤이 깊어질수록, 씩씩대며 옷장을 조립하는 과정은 걷잡을 수 없는 화를 불러오게 된다.

앞에 나온 분노한 성경 인물들의 예시에 왕과 통치자가 많은 것은 우연이 아니다. 그들은 신과 같은 통제를 기대할 만한 특별한 이유가 있다. 하지만 사실상 그들은 우리 모두를 조금 확대한 것에 지나지 않는다. 사람은 누구나 자신만의 왕국을 만들고 그 안에서 통치하기를 기대한다. 그리고 자신의 통치가 좌절될 때 분노한다.

우리는 살아 계신 하나님을 흉내 내며, 우주에 대한 나름의 계획(아니면, 그저 공원에서 평화로이 보내는 토요일)을 설계한다. 어떤 사람이나 사건이 그 목적을 방해하면 불같이 화를 낸다. 공을 던지면서 시끄럽게 노는 아이들에게 화를 내기도 하고, 제일 좋아하는 호수 옆자리를 먼저 차지한 가족에게 화를 내기도 한다. 심지어 공원에 가는 길에 퍼진 타이어에 화를 내기도 한다.

정말이다. 우리의 과장된 착란 상태에서는, 무생물도 우리의 절대적인 의지에 복종할 준비가 되어 있어야만 한다.

때로는 분노가 재밌기도 하겠지만, 사실은 심각한 문제다. 분노는 엄청난 파멸의 근원이요, 최악의 해를 불러오는 원인이기 때문이다.

chapter / 3
분노가 만드는 폐허

이제부터는 분노가 끼치는 해악을 살펴보려고 한다. 예수님은 분노가 살인의 뿌리라고 말씀하신다. 뽑아 든 칼이 위험한 까닭은 칼이 위험한 물건이기 때문이다. 이번 장에서는 세 종류의 분노와 그것이 불러오는 각각의 피해를 살펴볼 것이다.

1. 폭발하는 격렬한 분노

우리는 사람들의 상태에 꼬리표를 붙이기 좋아한다. 최신판 『정신질환의 진단 및 통계 편람』(*Diagnostic and Statistical Manual of Mental Disorders*, 정신과 의사들이 정신질환을 분류하기 위해 사용하는 진단 매뉴얼)에는 갑작스럽게 격렬한 분노를 터뜨리는 경향을 뜻하는 '간헐적 폭발 장애'(Intermittent Explosive Disorder)라는 항목이 있다. 그런 이름의 유용성 여부와는 별개로, 그런 항목이 묘사하는 경험은 고통스럽고 해로우며 무시무시하다.

분노에는 인지적인 측면이 있지만, 냉정한 이성적 반응 그 이상이다. 우리는 분노를 인식하고 평가한 다음, 그에 이어지는 반응으로 분노를 표출한다. 그러나 이 모든 일이 순식간에 일어나기도 한다. 대체로 분노는 이런 과정을 알아채기 어려울 만큼 격하기 마련이다.

화난 상태를 '목덜미가 뜨겁다'라고 표현한 영어 관용구가 있다. 토론이 '과열되다'라는 말도 있다. '불같이 화를 내다'라는 관용구는 성경과 오늘날 일상에서도 다양한 형태로 쓰인다. 분노는 처음에는 소각로 속 안전한 불처럼 시작되지만, 곧 걷잡을 수 없이 번지는 경우가 많다. 분노에는 비이성적인 측면이 있다. 마가복음 5장의 귀신 들린 사람은, 에드 웰치(Ed Welch)가 "미친 분노"라고 부른 상태를 생생하게 보여 준다(막 5:1-5).

이런 분노를 증명하는 데는 성경에서 딱 세 가지 예만 들어도 충분하다. 첫째, 집에 놀아온 이집트 사람 보디발은 아내에게서 히브리 종이 자신을 희롱하고 강간하려 했다는 말을 듣는다. 그러자 보디발은 그 말을 듣고 심히 노한다(창 39:19). 그는 사실 여부나 증거를 확인해 보지도 않고 곧바로 요셉에게 불같이 화를 낸다. 독자들이 숨 돌릴 틈도 없이, 요셉은 곧장 죄수가 되어 옥에 갇힌다. 분노를 폭발한 보디발에게 이유를 설명해 봤자 아무 의미가 없다. 그는 들으려 하지 않을 것이다. 그런 사람이 불같은 분노를 폭발할 때는 증거가 들어설 틈이 없다.

3. 분노가 만드는 폐허　43

두 번째로는 모세의 예를 보자. 모세는 놀랍도록 절제를 잘하는 사람이다. 화를 돋우는 반복된 상황에서도 그는 극도의 자제력을 발휘한다. 하지만 결국에는 그도 화를 터뜨린다(예. 출 11:8; 16:20; 레 10:16). 백성의 불신과 불평이 계속되자 모세와 아론은 회중을 반석 앞에 모으고 이렇게 말한다. "반역한 너희여 들으라 우리가 너희를 위하여 이 반석에서 물을 내랴"(민 20:10). (그의 목소리에서 분노가 느껴지는 듯하다.) 그러고 나서 모세는 손을 들어 지팡이로 반석을 두 번 친다(11절). 그는 냉정을 잃고 격한 분노를 터뜨린다.

세 번째 예는 앞서 1장에서 만난 인물이다. 에스더서에 등장하는 바사 왕 아하수에로 혹은 크세르크세스다. 와스디가 왕의 손님들 앞에 나오기를 거절하자, "왕이 진노하여 마음속이 불 붙는 듯하더라"(에 1:12). 그의 분노가 얼마나 뜨거웠던지 마음을 진정시키기까지 실제로 꽤 시간이 걸렸던 것 같다. "그 후에 아하수에로 왕의 노가 그치매 와스디……를 생각하거늘"(에 2:1). 분노는 술 취한 상태와 같아서 자제력을 잃게 한다. 실제로 왕은 이미 술을 꽤 마신 상태였다(에 1:10). 왕은 분노를 내뿜고 있었다. 논리적으로 생각하지 못했다. 분노를 터뜨리는 왕에게 이유를 설명해 봤자 아무 의미가 없다. 그는 최상의 상태에서도 자제력이 좋은 사람은 아니었다. 하물며 지금은 상태가 좋지도 않다. 이 절대 권력자에게 이렇게 말한다고 한들 아무 소용이 없었을 것이다. "폐하, 고정하소서. 생각하시는 것만큼 그리 나쁜 상황은 아닙니다." 마치 산불이 났는데 양동이로 물을 퍼서 진압하려고 애쓰는 형국이다. 왕은 분노를 폭발시켰다. 그런 통치자를 모시는 것은 마치 핵무기를 보유한 불안정한 독재자 아래 사는 것과 같다. 아니면, 걸핏하면 화를 폭발하는 상사와의 직장생활이나 불같은 성질을 지닌 배우자와의 결혼생활에 비교할 수 있겠다. 성마른 목회자가 있는 교회생활은 또 어떤가? 분노가 권력과 결합하면 매우 위험하다.

폭발하는 분노의 가장 끔찍한 모습은 전쟁의 잔혹 행위에서 볼 수 있다. 성경에서 에돔 족은 "칼로 그의 형제를 쫓아가며 긍휼을 버리며 항상 맹렬히 화를 내며 분을 끝없이 품었다"(암 1:11)는 이유로 정죄를 받는다. 전쟁이, 분노에 찬 싸움이 한창일 때 사람들은 나중에 깊이 후회할지도 모를 언행을 스스럼없이 하곤 한다. 후에 법정에서 자신의 전쟁 범죄가 냉정하게 재검증될 때는 어려움을 느끼고, 전쟁 당시의 열기를 상상하려고 애쓴다.

분노는 폭발한다. 이성을 초월한다. 논리에 어긋난다. 우리도 분노의 인지적인 부분만 지나치게 강조해서는 안 된다. 죄는 우리를 노예로 만드는 힘이 있다. 분노는 우리를 옥죄어서 분노 때문에 스스로 판단하지 못하거나 남이 우리를 판단하지 못하게 만들 수 있다. 걷잡을 수 없이 불타오르는 분노는 우리를 위험에 빠뜨린다. 이런 격렬한 분노는 결혼생활이나 가족, 이웃, 직장, 국가에 공포 분위기를 조성한다. 그런 강력한 분노에 맞서려면 용기가 필요하다("왕의 노함을 무서워하지 아니한" 모세를 보라. 히 11:27).

2. 서서히 키운 분노

하나님의 율법은, 순간적으로 화를 참지 못해 저지른 우발적인 살인(술집에서 벌어진 싸움처럼)과 사전에 계획된 살인 사이에는 도덕적 차이가 있다고 인정한다(출 21:12-14). 둘 다 중범죄는 맞다. 그러나 계획적으로 상대를 해치기 위해 서서히 차분하게 분노를 키우는 일은 더 심각하다. 성경에서 그런 소름 끼치는 차가운 분노의 예를 네 가지만 소개해 보겠다.

가인은 동생 아벨에게 화가 났다. 그래서 "그의 아우 아벨에게 말하고 그들이 들에 있을 때에 가인이 그의 아우 아벨을 쳐 죽였다"(창 4:8). 가인은 동생에게 뭐라고 말했을까? 히브리어 사본은 아무것도 알려 주지 않는다. 구약성경을 그리스어로 번역한 70인역과 그리스어에 기반한 다른 번역본들은 "우리, 들로 나가자"(새번역)라고 덧붙인다. 이 말은 원본에는 없었을지도 모르지만, "가인이 그의 아우 아벨에게 말하고"라는 말씀을 읽을 때 의도된 의미를 정확히 표현해 주는 것 같다. 가인은 동생을 들판에 홀로 두어서 그를 죽이고도 벌을 피할 의도였던 것 같다. 가인은 순간적으로 분노에 눈이 멀어 살인을 저지른 것이 아니라, 치밀하게 계획했다.

창세기 34장에는 계획적인 범죄를 보여 주는 끔찍한 예가 등장한다. 히위 족속 추장 세겜이 야곱의 딸 디나를 강간한다. 이 일을 알고 디나의 친오빠 시므온과 레위(디나의 어머니인 레아의 아들들)는 "근심하고 심히 노했다"(7절). 그들이 분노한 것은 옳다. 하지만 이들이 그다음에 저지른 일은 끔찍하다. 계속해서 읽어 내려가면, 우리는 이들이 세겜뿐 아니라 온 성읍 사람을 몰살하려는 계획을 꾸민 것을 알게 된다. 야곱은 가족들에게 유언을 남기며, 시므온과 레위에 대해 이렇게 말한다.

"시므온과 레위는 형제요 그들의 칼은 폭력의 도구로다 내 혼아 그들의 모의에 상관하지 말지어다 내 영광아 그들의 집회에 참여하지 말지어다 그들이 그들의 분노대로 사람을 죽이고 그들의 혈기대로 소의 발목 힘줄을 끊었음이로다 그 노여움이 혹독하니 저주를 받을 것이요 분기가 맹렬하니 저주를 받을 것이라"(창 49:5-7).

세 번째 예는 다윗의 아들 압살롬이다. 압살롬은 다말의 친오빠인데, 압살롬의 배다른 형제 암논이 다말을 강간했다(삼하 13:1-19). 성경은 다윗이 이 소식을 듣고 심히 노했다고 기록한다(21절). 하지만 그는 암논을 처벌하기 위해 아무것도 하지 않는다. 압살롬은 암논에게 오랫동안 차가운 분노를 키운다. 2년 후에 그는 암논을 살해한다(23-29절).

마지막으로 다시 에스더서로 돌아가 보자. 에스더서에는 뜨거운 분노를 폭발한 왕이 있다. 그런데 에스더 3장을 보면, 냉정한 분노를 품은 인물도 등장한다. 하만은 이스라엘 백성과 오랜 원수 사이인 민족의 후손이다. 유대인 모르드개가 그에게 절하지 않자, 하만은 모르드개만 죽이는 것이 아니라 그의 민족을 다 죽이려고 작정한다. 하만은 제비를 뽑아 이 일을 시행하기에 좋은 때를 정하는데, 그날이 바로 맨 처음 모욕을 당하고 나서 1년이 지난 즈음이다. 1년 동안 분노를 키우면서 대량 학살을 계획한 것이다.

  서서히 키운 분노는 이상하고 무시무시한 맹수다. 처음에는 내가 소중히 여기는 것이 위협을 받거나 공격을 당해서 분노하기 시작한다. 하지만 언제부턴가 분노 자체를 소중히 여기고 분노를 키운다. 분노를 아낀다. 내 분노가 사라지지 않도록 정성을 다한다. 어떤 위협이나 공격으로 생겨났지만, 내가 아끼고 키우기도 한 내 분노는 이제 두 배로 위험한 현상이 된다. 분노에는 강력한 힘이 있어서 그 힘을 은근히 즐기게 된다. 분노는 내게 지배력을 주지만, 그 지배란 협박과 위협에 기초한 것이다.

3. 좌절당한 분노

  칼을 뽑았는데 어떤 사람이 내 팔을 붙들고 있어서 분노를 표출할 수 없다면 어떻게 될까? 아마 우울해질 것이다. 그때 내가 뽑아든 분노의 칼날은 나를 향하게 된다. 이것이 바로 나봇의 포도원 이야기 첫 부분에서 아합왕에게 벌어진 일이다.

  아합왕은 원하는 것을 손에 넣지 못하자 분노하고 좌절한다. 그래서 아합은 "근심하고 답답하여 왕궁으로 돌아와 침상에 누워 얼굴을 돌리고 식사를 아니"(왕상 21:4)했다. 우울감의 전형적인 증상이다. 물론, 나중에 아합의 악한 아내가 이 문제를 풀어 준다. 하지만 여기서 주목할 점은 분노가 좌절된 이후에 벌어진 일이다. 그의 분노는 시무룩하고 우울하고 침울한 분노로 변한다. 좌절된 분노와 우울감은 서로 연결되는 경우가 많다. '정신역동'(개인의 과거 경험이 현재의 문제에 어떤 영향을 미치는지 설명하고 이에 의거해 문제를 해결하려는 이론 −역주)은 이를 '내면으로 향한 분노'라고 정의한다.

chapter / 4
분노와 권력

분노가 아주 중요한 의미에서 모든 죄의 배후에 있는 죄, 곧 하나님의 자리를 차지하려는 욕구와 연결되어 있다는 생각을 살펴보았다. 하지만 그런 생각은 분노가 불러오는 끔찍한 피해와 악영향을 이해하는 데 어떤 도움이 되는가?

파괴적인 분노

요한복음에 기록된 여러 논쟁 중 한 사건에서, 예수님은 반대자들이 무엇이라 주장하든 그들은 하나님께 속하지 않았다고 말씀하신다.

"하나님이 너희 아버지였으면 너희가 나를 사랑하였으리니 이는 내가 하나님께로부터 나와서 왔음이라 나는 스스로 온 것이 아니요 아버지께서 나를 보내신 것이니라 어찌하여 내 말을 깨닫지 못하느냐 이는 내 말을 들을 줄 알지 못함이로다 너희는 너희 아비 마귀에게서 났으니 너희 아비의 욕심대로 너희도 행하고자 하느니라 그는 처음부터 살인한 자요 진리가 그 속에 없으므로 진리에 서지 못하고"(요 8:42-44).

마귀의 일은 처음부터 살인자가 되는 것이었다. 마귀가 아담과 하와를 속인 결과 다양한 층위에서 죽음이 생겨났다. 먼저, 영과 몸의 죽음이 생겼다. 마귀는 아담과 하와가 "결코 죽지 아니하리라"(창 3:4)고 장담했지만, 마귀의 덫은 곧장 파멸과 죽음을 불러왔다. 아담과 하와는 동산에서 추방되었고, 따라서 생명 나무에도 가까이 갈 수 없었다. **영생할** 수 있는 열매가 없으니 죽음이 뒤따랐다. 그들은 "흙이니 흙으로 돌아갈 것"(19절)이었다. 마귀는 살인자다. 아담과 하와에게 죽음과 파멸을 가져왔다.

하지만 거기서 끝나지 않았다. 죽음은 폭포처럼 흘러내린다. 창세기에서 그다음에 나오는 이야기 역시 분노와 죽음의 이야기다. 앞서 보았듯이, 가인은 서서히 분노를 키워서 아벨을 죽인다. 이 사건은 예수님의 말씀이 사실이며(마귀는 정말로 처음부터 살인자였다), 마귀의 속임수는 우리를 하나님의 원수뿐 아니라 서로의 원수로 만든다는 것에 대한 소름 끼치는 증거이다.

우리가 하나님의 자리를 차지하려고 애쓰다 보면, 다른 사람들과의 사이에 불가피한 갈등을 불러온다. 최고의 자리를 놓고 경쟁을 펼치기 때문이다. 태양계에 태양은 하나뿐이다. 여러 행성이 서로 행복한 균형 상태에 있는 까닭은 이 행성들이 모두 똑같은 중심점 주변을 돌기 때문이다. 하지만 이들이 자기 자리에 만족하지 못하면 어떻게 될까? 서로 태양이 되겠다고 하면 어떻게 될까? 충돌은 불가피한 결과가 될 것이다. 사람도 마찬가지다. 서로 주도권을 잡으려고, 권력을 잡으려고, 영광을 얻으려고 경쟁하게 된다.

자신이 신과 같이 큰 존재라는 망상에 빠지면, 누군가 내 것이어야만 하는 자리를 자기 것이라고 주장할 때 단순히 짜증만 느끼지 않는다. 살의를 느끼게 된다. 반대 세력을 제거하고 싶어진다.

열왕기하 15장은 살인의 장이다. 살룸은 스가랴를 죽이고, 므나헴은 살룸을 죽인다. 베가가 브가히야를 죽이고, 호세아가 베가를 죽인다. 왜인가? 모두가 왕이 되고자 했기 때문이다. 하지만 왕은 한 사람뿐이므로, 그들이 가장 먼저 해야 할 일은 경쟁자들을 제거하는 것이었다. 그래서 다른 사람을 살해했다. 반대 세력 없이 왕위에 오르려면 남들을 왕위에서 끌어내려야 한다.

우리도 똑같다. 스스로 앉은 통치자의 자리에 경쟁자가 생기면, 죽일 듯한 분노를 내뿜는다. 어떻게 감히 내 뜻을 거부한단 말인가? 나의 가장 훌륭한 계획에 반대는 있을 수 없다. 나는 내 뜻대로 하기를 원한다.

내 뜻대로 하겠다는 의지는 때로 물리적인 폭력을 낳기도 한다. 하지만 경쟁자를 제거하는 다른 방법도 많다. 상대방을 비꼬아서

짓누르거나 협박하여 아무 소리도 내지 못하게 만들 수 있다. 정치판에서는 전략으로 상대를 누를 수도 있다. 회사에서는 상대를 좌천시키기도 한다. 학교에서라면, 왕따를 시킬 수도 있다. 적수를 무력화하는 방법은 참으로 많기도 하다.

어떤 방법을 취하든, 중요한 것은 우리의 통치를 위협하는 존재를 제거하는 것이다. 이 경쟁자들이 우리의 뜻을 무너뜨리고 우리의 계획을 좌절시키지 못하도록 막는 것이 무엇보다도 중요하다.

살기등등한 분노의 여러 얼굴

먼저, 가스라이팅(gaslighting)으로 아내의 입을 막는 남편을 생각해 보자. 물리적인 폭력은 없지만, 위협은 상당하다. 모욕을 주는 말을 쏟아내고 아내의 노력을 끊임없이 혹평하는 태도는 서서히 상대를 죽음으로 몰고 간다. 아내의 자기 가치를 깎아내려서 자신이 소중하다는 느낌을 약화시킨다. 남편이 자신의 끔찍한 목표를 실현하고 그의 권력이 절대 권력이 될 때까지 말이다. 아내는 더는 남편의 욕구에 의문을 제기하거나 그의 뜻을 거스르지 않는다. 남편은 아내를 자기 종으로 만들고, 그의 끔찍한 독재를 완성한다.

아니면, 언제 터질지 모르는 예측 불가능한 분노로 겁을 주는 상사를 생각해 보자. 직원들은 충격을 받아 휘청거리고, 사기는 바닥을 친다. 늘 피해 대책을 세우기에 급급하다. 모든 사람이 상사의 눈에 띄지 않고 조용히 넘어가기 위해 필사적이다. 피를 흘리거나 죽은 사람은 아무도 없지만, 살해가 벌어졌다. 창의성이 말살되었다. 관계가 망가지고 묵은 갈등이 해결되지 않은 채 남아 있다. 그런 숨 막힐 듯한 공포가 흐르는 분위기에서는 아무도 제 역할을 해낼 수 없다.

혹은 케케묵은 서운함은 어떤가? 그것도 살기등등한 분노의 표현이다. '침묵 요법'은 언뜻 봐서는 죽일 듯한 분노의 절정이라는 인상을 주지 않을 수 있다. 하지만 조금 더 자세히 들여다보자. 상대의 입에서 단어 하나 듣는 것이 엄청난 승리로 여겨지는 그 긴 시간 또는 날들 동안 무슨 일이 벌어지는 것인가? 화목한 대화가 사라지고 기껏해야 투덜거리는 반응, 최악에는 아무 말 없이 차갑게 쳐다보기만 하는 반응으로 대체될 때 무슨 일이 벌어지는 것인가? 그럴 때 우리는 상대가 존재하지 않는 듯 행동하는 것이다. 그들을 아주 하찮게 여긴 나머지 그들의 가장 기본적인 질문에 대답하는 것조차도 그들에게는 과분하다는 메시지를 전달하는 것이다.

우리가 상대를 침묵 요법으로 대할 때는 그들을 투명 인간 정도로 업신여기는 것이다. 그들을 죽은 사람으로 생각하는 것이나 마찬가지다. 그들이 다시 살아나려면 우리에게 복종하는 길밖에 없다. 그들은 자신이 틀렸고 우리가 옳다고 인정해야 한다. 이것은 우리의 권력을 주장하고, 우리의 규칙을 부여하고, 스스로를 하나님으로 세우는 또 다른 방식이다.

지도자들의 분노

 분노에 경쟁적인 면이 있다는 점은, 분노와 리더십이 연관된 이유를 어느 정도 설명한다. 우리는 로커 룸에서 분노를 폭발하는 단호한 성격으로 유명한 스포츠 감독들을 떠올릴 수 있다. 혹은 동료들과 격하게 맞붙기로 악명 높은 정치인을 생각해 보자. 어느 미국 대통령은 "마음대로 되지 않을 때 그의 태도는 전적인 공격 모드로 돌변한다. 그 공격은 아주 단련된 사람들조차 박살 낼 정도"[1]라고 한다.

 분노가 지도자들의 얼마나 흔한 특징이던지 많은 사람들이 그것을 직업에 따른 위험보다는 일종의 자격으로 여긴다. 실제로, 어느 리더십 훈련가는 분노를 지도자에게 꼭 필요한 특징으로 꼽기도 한다. 그는 "창세 이래로 위대한 지도자들의 공통점이 한 가지 있다면, 그것은 바로 분노다."라고 말했다. 그는 모세와 미국 건국의 아버지들, 마틴 루터 킹 주니어(Martin Luther King Jr.)를 인용하면서 분노는 지도자들이 자신의 열정을 표현하는 방법일 뿐 아니라, 장애물을 제거하고 목표를 달성하는 수단이라고까지 주장한다. 지도자의 분노는 권장할 만한데, 화를 냄으로써 꿈의 실현을 방해하는 어떤 것도 허용하지 않기 때문이다. "그러니 당신이 다음번에 집에서든 직장에서든 어떤 상황에서 분노를 느낀다면, 참지 말고⋯⋯ 터

---
[1] Corey Lewandowski and David Bossie, *Let Trump Be Trump: The Inside Story of His Rise to the Presidency* (Nashville, TN: Center Street, 2017).

뜨려라. 분노를 취해 올바르게 행동한다면, 훌륭한 지도자가 될 것이다."[2]

이런 관점에 따르면, 지도자가 되려는 사람은 분노를 억압하기보다는 잘 활용할 줄 알아야 한다. 분노는 활력을 불어넣는데, 분노 없이는 열정도 없기 때문이다. 그리고 열정이 없는 사람은 지도자의 자질이 없는 셈이다.

이런 논리는 얼핏 말이 되는 것 같다. 하지만 정말 그런가?

성난 지도자의 폭발을 받아내는 당사자나, 남이 깨지는 모습을 보면서 다음은 내 차례가 아닌지 궁금해한 적 있는 사람은 지도자의 분노가 여호와께서 인정하신 거룩한 전략이라고 믿기 어려울 것이다. 성경도 거기에 동의하는 듯하다.

민수기 20장에서 모세가 구체적으로 무엇을 잘못했는지를 두고는 논란이 있을 수 있지만, 분노가 그 중심에 있는 것만은 틀림없다. 하나님은 모세에게 반석에 명령하라고 말씀하셨다.

> "지팡이를 가지고 네 형 아론과 함께 회중을 모으고 그들의 목전에서 너희는 반석에게 명령하여 물을 내라 하라 네가 그 반석이 물을 내게 하여 회중과 그들의 짐승에게 마시게 할지니라"(8절).

---

[2] Matt McWilliams, "The Shocking Common Trait of Great Leaders," 2019년 10월 7일 접속함, https://www.mattmcwilliams.com/the-shocking-common-trait-of-great-leaders/.

하지만 모세는 조금 다르게 명령하고 행동한다.

"반역한 너희여 들으라 우리가 너희를 위하여 이 반석에서 물을 내랴 하고 모세가 그의 손을 들어 그의 지팡이로 반석을 두 번 치니"(10-11절).

분노가 은혜를 대체하고, 모세가 여호와의 자리를 대체했다.
여호와께서는 사람들의 불평을 듣고 자비롭게 기적을 베풀기로 작정하셨다. 하지만 모세는 그들을 반역자로 선언한다. 은혜의 선물을 분노와 시기로 바꾼다. 그의 말로 인해 초점이 여호와에게서 모세에게로 이동한다. "우리[아론과 모세]가 너희를 위하여 이 반석에서 물을 내랴." 그리고 나서 모세는 반석에 명령하지 않고 그것을 내려친다.

모세는 자신의 리더십으로 스스로를 무대 중심에 세운다. 그는 이스라엘 백성이 여호와를 생각하게 하기보다는 자신의 명령에 집중시킨다. 그런 결과로 이어진 까닭은 분노한 리더십은 이렇게 말하기 때문이다. "여기서는 내가 하나님이자 책임자다. 내가 화를 내는 이유는 내 방식대로 되지 않기 때문이다."

그러나 바울은 분노를 휘두르기보다 잘 관리하는 능력이 리더십의 핵심 요건이라고 말한다. "감독은 하나님의 청지기로서 책망할 것이 없고 제 고집대로 하지 아니하며 급히 분내지 아니하며 술을 즐기지 아니하며 구타하지 아니하며"(딛 1:7). 디모데도 "구타하지 아니하며 오직 관용하며 다투지 아니하는"(딤전 3:3) 사람을 감독과 집사로 고를 것이다.

열정을 차단하려는 의도는 없다. 하나님이 세우시는 교회의 지도자들은 하나님 나라에 열정적으로 관심을 보여야 한다. 열정적으로 정의에 헌신해야 한다. 고통받는 사람들을 돌보는 일에도 열정적이어야 한다. 하지만 열정이 지나친 나머지, 자신의 역할과 하나님의 역할을 헷갈려서는 안 된다. 그런 일이 생기면, 종의 리더십이 불경한 독재로 변질되기 때문이다. 관용이 괴롭힘으로, 목자의 사랑이 남을 조종하는 통제로 둔갑해 버린다. 최근 교회사에는 이런 문제로 지도력이 좌초된 사람들의 예가 너무 많이 등장한다.

화낼 이유가 아무리 많더라도, 분노는 교회 지도자들이 반드시 피해야 할 유혹이다. 사람들이 하나님의 뜻을 거부하는 모습을 볼 때 지도자들은 마땅히 경고하고 슬퍼해야 하지만, 마치 자신이 모욕을 받기라도 한 듯 화를 내서는 안 된다.

바울은 데살로니가 신자들에게 보내는 편지에서, 매우 분명하고 직설적으로 순종을 촉구한다.

"그러므로 형제들아 우리가 끝으로 주 예수 안에서 너희에게 구하고 권면하노니 너희가 마땅히 어떻게 행하며 하나님을 기쁘시게 할 수 있는지를 우리에게 배웠으니 곧 너희가 행하는 바라 더욱 많이 힘쓰라 우리가 주 예수로 말미암아 너희에게 무슨 명령으로 준 것을 너희가 아느니라 하나님의 뜻은 이것이니 너희의 거룩함이라 곧 음란을 버리고 각각 거룩함과 존귀함으로 자기의 아내 대할 줄을 알고 하나님을 모르는 이방인과 같이 색욕을 따르지 말고 이 일에 분수를 넘어서 형제를 해하지 말라 이는 우리가 너희에게 미리 말하고 증언한 것과 같이 이 모든 일에 주께서 신원하여 주심이라 하나님이 우리를 부르심은 부정하게 하심이 아니요 거룩하게 하심이니"(살전 4:1-7).

하지만 그는 자신의 권위가 하나님께 달려 있다는 점을 분명히 하면서 결론을 맺는다.

"그러므로 저버리는 자는 사람을 저버림이 아니요 너희에게 그의 성령을 주신 하나님을 저버림이니라"(8절).

예수님은 일흔두 제자를 보내시면서 그들의 권위가 우선은 자신에게서, 궁극적으로는 하늘에 계신 아버지에게서 나온다고 말씀하셨다. 자신은 하나님의 말씀을 선포하기 위해 이 땅에 오셨다는 것이다. "너희 말을 듣는 자는 곧 내 말을 듣는 것이요 너희를 저버리는 자는 곧 나를 저버리는 것이요 나를 저버리는 자는 나 보내신 이를 저버리는 것이라"(눅 10:16).

지도자들이 자신을 유사 신의 지위로 끌어올리는 실수를 저지를 때마다 분노의 문제가 뒤따를 것이다. 그 해독제는 지도자들이 그들 위에 있는 보좌에 앉으신 분, 궁극적인 통치자를 끊임없이 잊지 않고 가리키는 것이다. 그러면 겸손과 화해, 거룩한 권면이 나타날 것이다.

chapter / 5
분노와 자기 의

"그래서 화났어?" "그래, 화났어." "왜 화가 났는데?" "왜 화가 났냐면······." 그러고 나서는 자신이 화가 난 이유뿐 아니라, 화를 낼 만한 온갖 정당한 이유들을 끝도 없이 갖다 댄다. 익숙한 상황인가? 당신이 질문한 사람일 수도 있고, 화가 난 사람일 수도 있다. 분노는 그 정당성에 대한 깊은 확신과 연결될 때 특히 위험하다. 이번 장은 그런 분노의 세 종류를 살펴보려 한다.

1. 종교적 확신과 연관된 분노

자기 의에서 비롯된 분노의 첫 번째 예는 종교적 확신과 연관된 경우이다. 여기서 '종교적'이라는 표현은 반드시 모든 격식을 갖춘 공식 종교만 의미하지 않는다. 무신론인 공산주의나 현대 세속주의도 종교로 기능할 수 있다. 각각은 **우리**가 믿는 것이 옳다는 공유된 확신과 관련이 있다. 그 확신에 도전하는 사람은 누구든, **우리**

가 진리라고 믿는 것에 폭력을 행사하는 것이다. 이와 관련해 서로 밀접하게 연관된 네 가지 성경의 예시를 살펴보자.

그중 첫 번째는 예레미야 선지자가 성전에 임한 하나님의 심판을 선언했을 때다. 예레미야 7장에서 그는 성전에서 자신의 유명하고 대담한 설교를 전했다. 예레미야 26장 1-6절에 이 설교의 요약이 나오는데, 이에 백성들은 "네가 반드시 죽어야 하리라"(8절)라고 불같이 반응한다. 성전 건물은 그 종교를 눈에 보이게 표현하는 상징물이다. 이 종교는 선하고 진실하고 아름다운 구약성경의 종교, 곧 하나님의 약속에 담긴 선한 율법과 산 믿음을 나란히 살아낸 종교여야 한다. 하지만 왕과 제사장들은 이 선한 종교를 장악해서 외적인 준수를 중시하는 인간의 종교로 바꾸어 버렸다. 이 종교에는 산 믿음이나 진정한 회개가 없었다. 예레미야가 바벨론 사람들 손에 성전이 무너질 것이라고 말했을 때 그는 사실상 이 인간적인 종교제도 전반에 도전한 것이었다. 그의 말을 들은 종교 지도자들은 크게 노했다. "네가 반드시 죽어야 하리라!"

두 번째 예는 첫 번째 예의 섬뜩한 반복이다. 500년쯤 후, 나사렛 예수는 성전을 위협했다는 이유로 다시 한번 고발을 당한다. 그를 고발한 사람들은 거짓 증인이라서 증언도 서로 일치하지 않았지만, 그들 모두가 성전에 대한 무언가로 인해 극도로 화가 났다(예. 막 14:57-59). 예수님은 성전을 깨끗하게 하신 사건(막 11:15-17)으로 반대자들의 화를 일으켰고, 그들은 그분을 죽이려고 작정한다(18절).

산헤드린 앞에서 벌어진 예수님의 재판에서 이 분노는 또다시 끓어오른다(막 14:63-65). 그들은 자신들이 옳다고 확신했기에 하나같이 크게 분노한다.

세 번째 예시는 첫 번째와 두 번째 사건을 모두 떠올리게 한다. 사도행전 6-7장에서 스데반은 이렇게 말했다는 이유로 거짓 증인들에게 고소를 당한다. "이 사람이 이 거룩한 곳[성전]과 율법을 거슬러 말하기를 마지 아니하는도다 그의 말에 이 나사렛 예수가 이 곳을 헐고"(행 6:13-14). 스데반이 그들의 거짓 종교에 반박하고 진정한 구약 신앙을 옹호하자(행 7:1-53), "그들은 이 말을 듣고 격분해서 스데반에게 이를 갈았다"(54절, 새번역). 스데반이 이들의 (잘못된) 종교적 확신을 지적하자 그들은 불같은 분노로 반응한다. 스데반을 죽여야 한다고.

같은 사건에서, 다소의 사울은 격렬한 분노로 표출된 종교적 열심을 보인다(행 8:1-3). 이런 종류의 열심은, 공유된 확신에 도전하는 사람을 향한 종교인들의 자기 의에서 비롯된 분노와 분리될 수 없다(빌 3:6 참고, "열심으로는 교회를 박해하고"). 더군다나 이들은 자신이 옳다고 확신하는 사람들을 거스르는데, 바울은 자신을 이렇게 묘사했다. "율법의 의로는 흠이 없는 자라"(빌 3:6).

이 네 가지 예시에서 **우리는 스스로** 옳다고 꽤나 확신한다. 이 분노는 강력한 자기 의에서 비롯된 것이다. 분노는 자기 의와 결합할 때 가장 해롭기 마련인데, 자기 의는 회개의 가능성을 부정하기 때문이다. 이것이 바로 열성분자의 분노다. 바리새인 열성분자든, 근본주의 이슬람 열성분자든, 극단주의 힌두교 열성분자든, 공산주의 열성분자든, 서양 세속주의 열성분자든 말이다.

2. 은혜를 겨냥한 분노

종교적인 분노에는 별도로 고려해 볼 만한 특이한 면이 있다. 종교적인 분노는 거저 주시는 하나님의 은혜를 겨냥한다는 것이다. 또 다른 네 가지 예시가 이 점을 잘 보여 준다.

첫 번째 예는 성경 이야기 초반에 등장한다. 창세기 4장을 보면 여호와께서 아벨의 제물만 받으시자 가인은 "몹시 화가 났다"(5절, 새번역). 우리는 성경 다른 곳에서 아벨이 의롭다는 것을 알 수 있는데, 그는 하나님의 은혜로 인해 믿음으로 말미암아 여호와 앞에 의롭게 선 자이다(예. 마 23:35; 히 11:4; 요일 3:12). 가인은, 믿음으로 하나님의 은혜를 받은 사람과 함께하기를 견디지 못한다. 가인의 종교는 스스로 축복을 획득해야 하는 체제다. 거저 주시는 은혜는 가인의 가치 체계에는 모욕과도 같다.

두 번째 예는 수리아 장군 나아만이다. 자신이 베푼 후한 선물을 엘리사 선지자가 거절하고 요단강에 가서 몸을 담그라고 명령하자 나아만은 크게 노한다. 그는 자신의 권력과 재산, 인맥으로 병을 고치려 했다. 그런데 엘리사는 은혜로 거저 나음을 받으라고 한다. 이 제안은 그의 자존심을 모욕했고, 나아만은 분노한다(왕하 5:1-14).

아마도 구약성경에서 거저 주시는 은혜에 분노하는 가장 생생한 예는 니느웨 성읍의 요나 선지자일 것이다. 니느웨 백성이 회개하자 하나님은 그들에게 내리려던 벌을 거두신다. 요나는 몹시 화를 내고, 여호와께서 그에게 성내는 것이 옳으냐고 물으신다. 그는 그렇다고 확신한다! 요나는 하나님의 은혜와 자비에 화가 난 것이다(욘 3:10-4:2). 이 대가 없는 용서는 행위와 자격을 중시하는 그의 종교에는 모욕적이다.

신약성경의 예는 누가복음 15장 11-32절의 유명한 탕자 비유에 잘 나와 있다. 이야기 속 맏아들은 스스로 노력하여 자기 복을 챙기며 살아간다. 그 복의 노예인 셈이다. 방탕한 동생이 회개하고 집으로 돌아와 넘치는 은혜를 받자 맏아들은 화를 낸다.

이렇듯 마땅한 보상을 취하는 방식으로 세상이 돌아가야 한다고 생각하는 인간이 하나님이 거저 주시는 은혜에 직면할 때 그 마음에는 특정한 분노가 일어난다.

3. 교정에 대한 분노

마지막으로, 자신의 행동이 정당하다고 확신하거나 그렇게 확신하려고 애쓸 때 우리는 우리를 바로잡아 주려는 다른 사람들의 교정에 분개하고 화를 내게 된다. 이렇듯 '거만한 자'는 자신의 길을 포기하게 만들려는 모든 시도를 경멸한다.

"거만한 자를 징계하는 자는 도리어 능욕을 받고 악인을 책망하는 자는 도리어 흠이 잡히느니라 거만한 자를 책망하지 말라 그가 너를 미워할까 두려우니라 지혜 있는 자를 책망하라 그가 너를 사랑하리라"(잠 9:7-8).

자기 의와 자만심으로 불타오르는 분노는 위험하다. 책망을 거부하기 때문이다. 그런 태도는 자신을 스스로 옳다고 주장하는 교만하고 오만한 사람, 거만한 자로 만든다. 그에게 왜 화를 내느냐고 묻는다면, 나는 화를 낼 자격이 있다는 소리만 들을 것이다.

선견자 (또는 선지자) 하나니가 하나님을 의지하지 않는다고 아사왕을 꾸짖을 때 그 생생한 예를 볼 수 있다. 왕은 그 말을 듣고 크게 노하여 하나니를 옥에 가둔다(대하 16:7-10).

나단 선지자의 꾸짖음에 다윗왕이 보인 반응이 놀라운 이유도 그 때문일지 모른다. 다윗은 끔찍한 죄를 저질렀다. 보통 불륜을 저지른 많은 사람은 자신의 부정을 정당화할 방법을 찾거나 자신을 교정해 주려는 신실한 친구들에게 분노로 반응한다. 다윗도 감히 왕권에 도전하느냐고 나단에게 격노할 수 있었다. 그런데 놀랍게도 하나님은 다윗에게 회개를 허락하셨고, 그는 자신의 죄를 인정했다(삼하 12:13).

chapter / 6
분노와 교만

자기 의는 분노에 희한하게 작용한다. 분노를 바로잡으려는 교정에 무감각하게 만든다. 실제로, 자기 의가 강한 사람은 자기 주장이 우스워질수록 더욱 공격적으로 변한다. 부끄러운 사실이지만 모두 그런 경험이 있지 않은가? 논리가 점점 더 무너져 내릴수록 반항은 더욱 격렬해진다.

왜 그런 것일까? 잠언에 나오는 다음 구절이 그 답을 제시하는 듯하다.

"거만한 자를 징계하는 자는 도리어 능욕을 받고 악인을 책망하는 자는 도리어 흠이 잡히느니라 거만한 자를 책망하지 말라 그가 너를 미워할까 두려우니라 지혜 있는 자를 책망하라 그가 너를 사랑하리라"(잠 9:7-8).

지혜로운 사람은 책망을 반기지만, 거만한 자는 책망을 싫어한다. 아니, 실제로는 그 이상이다. 거만한 자는 책망받는 **과정**만 싫어하는 것이 아니라, 책망하는 사람도 싫어한다. 그 메시지를 전달하는 사람도 미워한다. 무언가 개인적인 측면이 작용하는 것이다. 단순히 어떤 개념이 그들의 마음을 상하게 하는 것이 아니다. 그런 개념을 전달하는 사람에게서 불쾌함을 느낀다.

분노의 핵심 전제로 잠시 돌아가 보자. 그것은 하나님처럼 되려는 우리의 죄악된 성품과 직결된다. 이 전제는 여기서 벌어지는 현상을 파악하는 데 도움을 준다. 하나님은 모든 것을 **아신다**. 전지하시다. 인간은 그렇지 못하다. 하지만 우리가 화가 난 상태(혹은 하나님인 척 가장하는 상태)에서는 모든 것을 **아는** 척해야 한다.

하나님의 절대 지식은 그분의 분노가 의롭다는 사실을 확증하는 핵심적인 특징이다. 이에 대해서는 10장에서 자세히 살펴볼 것이다. 그런데 우리가 하나님처럼 절대적인 지식을 가졌다고 가장한다면, 우리의 분노는 그저 우스워질 뿐 아니라 자기 의를 더욱 공고히 할 것이다. 모든 것을 안다고 생각하는 사람은 다른 사람의 교정이나 꾸짖음을 들을 수 없기 때문이다. 그에게 무언가를 알려 줄 수 있는 사람은 **아무도** 없다. 그가 모르는 것은 아무것도 없으니 말이다.

하지만 인간의 전지함이란 허술하기 짝이 없다. 아무리 다 아는 척을 해 봐도, 모르는 것은 있기 마련이다. 그런데도 우리 안의 어떤 부분은 그런 분명한 진실을 지적받기 싫어한다. 자기 의가 충만한 상태에서 우리는 무조건 옳아야 한다. 모든 것을 다 알아야 한다. 그리고 어떤 사람이 나타나, 스스로를 신과 같은 전지한 존재로 여기는 우리의 망상에 도전한다면, 그를 미워할 수밖에 없을 것이다.

이것이 바리새인들이 예수님을 다루기 힘들어한 이유 중 하나였다. 예수님께서는 그들의 무지함을 폭로하는 거슬리는 습관이 있었다. 예를 들어, 예수님은 안식일 규정에 대해 언급하면서 이렇게 말씀하셨다.

"다윗이 자기와 그 함께 한 자들이 시장할 때에 한 일을 읽지 못하였느냐 그가 하나님의 전에 들어가서 제사장 외에는 자기나 그 함께 한 자들이 먹어서는 안 되는 진설병을 먹지 아니하였느냐"(마 12:3-4).

이혼에 대해서는 이렇게 물으셨다.

"사람을 지으신 이가 본래 그들을 남자와 여자로 지으시고 말씀하시기를 그러므로 사람이 그 부모를 떠나서 아내에게 합하여 그 둘이 한 몸이 될지니라 하신 것을 읽지 못하였느냐"(마 19:4-5).

6. 분노와 교만

부활에 대한 질문에는 이렇게 답하셨다.

"하나님이 너희에게 말씀하신 바 나는 아브라함의 하나님이요 이삭의 하나님이요 야곱의 하나님이로라 하신 것을 읽어 보지 못하였느냐 하나님은 죽은 자의 하나님이 아니요 살아 있는 자의 하나님이시니라"(마 22:31-32).

잘못이 들통나는 것만도 충분히 기분 나쁜데, 여기서 예수님은 성경을 인용하여 그들을 교정해 주신다. 성경은 바리새인들이 평생 연구하고 자신들의 권위를 뒷받침해 온 책이 아닌가? 게다가 그분의 주장을 반박할 수가 없다. 성경은 예수님이 옳고 그들이 틀렸다고 증명한다.

이 정도면 확실한 굴욕이다. 물론, 실수를 인정하고 방향을 바꿀 준비가 되어 있지 않다면 말이다. 자기 의에 빠진 이들은 절대 그렇게 할 수 없다. 자신은 **다 알기** 때문에, **확실하기** 때문이다. 모르는 게 아무것도 없는데 어떻게 자신이 확실히 틀렸다고 받아들일 수 있단 말인가?

하지만 현실은 느닷없이 뚫고 들어오는 고약한 습관이 있다. 우리는 불같이 화를 내면서도 마음 한구석에서 자신이 틀렸음을 이미 알아차린다. 예약이 잘못 잡혀 헛걸음한 병원 접수대에서 화를 내는 동안 기억이 서서히 떠오른다. 예약 날짜를 바꾸려고 전화한

적이 있다. 예약을 바꾸려고 했다가 사실은 바꾸지 않은 기억이 난다. 이런 경우 드물게 분노가 진정되면서 자신의 실수를 인정하고 사과한다. 대개는 하나님처럼 되려는 마음이 너무 크다. 그래서 우리의 신성한 지위에 대한 모욕을 견디지 못하고, 더 심하게 받아친다. 우리 마음속에서 그 위협을 제거하고 싶기 때문이다.

마가복음 3장의 상황이 그랬다. 예수님이 바리새인들에게 물으신다. "안식일에 선을 행하는 것과 악을 행하는 것, 생명을 구하는 것과 죽이는 것, 어느 것이 옳으냐"(4절). 예수님은 그들이 오해를 직시하도록 도전하신다. 안식일을 제대로 이해하지 못한 바리새인들은 그날을 복을 가져오는 날이 아니라 악을 섬기는 날로 만들어 버렸다. 그런데도 그 사실을 인정하지 못한다. 오히려 그들은 "잠잠했다"(4절).

그리고 바로 한 절 뒤에, 우리는 그 침묵 속에서 무슨 일이 벌어지는지 알게 된다. 그들은 머릿속에서 그 위협을 뿌리 뽑으려고, 자신들의 신적 지위에 거슬리는 이 도전을 없애려고 준비하고 있었다. "바리새인들이 나가서 곧 헤롯당과 함께 어떻게 하여 예수를 죽일까 의논하니라"(6절).

스스로 하나님이 되려고 시도하다가 진정한 하나님이신 존재와 맞닥뜨릴 때 우리는 둘 중 한 가지로 반응한다. 하나님 앞에 회개하고 굴복하거나, 자기 길을 방해하는 존재를 없애기 위해 작정하거나.

자기 의에서 비롯된 분노가 살기등등한 이유가 바로 그 때문이다. 이 분노는 자신이 만들어 낸 망상의 지배를 위협하는 모든 요소를 제거해야만 한다. 그 분노를 일으킨 원인을 기꺼이 지지하는 동맹을 만날 때 그런 살의는 더욱 강해진다. 그것이 바로 우리가 다음 장에서 살펴보려고 하는 집단적인 분노다.

chapter / 7
분노와 집단

분노는 전염된다. 분노는 순수하게 개인에 국한된 현상이 아니다. 집단적인 차원이 있다.

> "노를 품는 자와 사귀지 말며 울분한 자와 동행하지 말지니 그의 행위를 본받아 네 영혼을 올무에 빠뜨릴까 두려움이니라"(잠 22:24–25).

쉽게 화를 내거나 분노하는 사람을 가까이하면, "그의 행위를 본받게" 된다. 때로는 우리가 분노에 엮일 수도 있다. 남들이 공유하는 분노에 우리도 휘말릴 수가 있는데, 가장 생생한 예로 폭도를 생각해 보자. 찰스 디킨스(Charles Dickens)의 소설 『바나비 러지』(*Barnaby Rudge*)는 1780년 런던의 고든 폭동(Gordon Riots)과 연관된 집단 폭력을 실감 나게 묘사한다. 공공기물 파손, 약탈, 방화 등 그 경악스러운 장면을 디킨스가 어떻게 묘사하는지 보자.

정신 병원의 모든 문을 개방한다 해도 그날 밤과 같은 광란이 일어나지는 않을 것이다. [광포한 폭력을 묘사한 끔찍한 내용이 이어진다.] 그러나 울부짖는 군중 가운데 단 한 사람도 그 모습을 역겨워하지 않았다. 거기서 자비를 배운 이도 없었다. 그리고 자신의 격렬하고 열광적이며 무분별한 분노가 충족된 사람도 하나 없었다.[1]

군중의 전염성 강한 분노에는 무시무시하고 만족할 줄 모르는 무언가가 있다.

성경에서도 쉽게 전염되는 분노의 예를 찾아볼 수 있다. 가장 먼저 민수기 16장에서 고라가 모세에게 반항한 사건을 간단하게 보자. 16장 앞부분은 이렇게 시작한다. "고라와…… 온이 당을 짓고 이스라엘 자손 총회에서 택함을 받은 자 곧 회중 가운데에서 이름 있는 지휘관 이백오십 명과 함께 일어나서 모세를 거스르니라 그들이 모여서 모세와 아론을 거슬러 그들에게 이르되 너희가 분수에 지나도다"(1-3절). 분노라는 단어가 명확히 나오지는 않지만, 이들이 우리는 피해자라면서 불만을 표출하도록 부추길 때 그 분노를 쉽게 감지할 수 있다. 한 사람이 "이건 불공평해!"라고 말하자, 다른 사람이 더 큰 소리로 말한다. "맞아! 진짜 불공평해. 옳소!" 이런 식으로 분노의 목소리가 점점 더 커진다.

---

1) Charles Dickens, *Barnaby Rudge: A Tale of the Riots of 'Eighty*, Everyman's Library (New York: Alfred Knopf, 2005), 480-81.

예수님이 공생애를 시작하실 무렵, 고향 나사렛에 있는 회당을 찾으신다. 사람들은 그분의 말씀을 듣고 기분이 상한다. "회당에 있는 자들이 이것을 듣고 다 크게 화가 나서 일어나 동네 밖으로 쫓아내어 그 동네가 건설된 산 낭떠러지까지 끌고 가서 밀쳐 떨어뜨리고자 하되"(눅 4:28-29). 사람들 사이에 퍼져 나간 분노를 느끼는 데 그다지 많은 상상력이 필요하지 않다. 누군가가 처음에는 예수님의 가르침을 호의적으로 듣고 그분이 옳을 수도 있다고 생각했더라도, 주위에서 분노하는 소리가 높아지면 그분이 말씀하신 끔찍한 내용에서 받은 충격에 공감할 수밖에 없을 것이다. 어쨌든, 다른 사람들은 하나같이 그분의 말씀을 끔찍하게 여기니 말이다. 그래서 회당 전체에 분노가 퍼진다.

마태복음 20장에서 야고보와 요한의 어머니는 아들들을 데리고 예수님께 가서 주님의 나라가 임할 때 아들들에게 특권을 달라고 요청한다. 예수님은 그 어머니와 아들들을 책망하신다. 그런데 소식을 들은 나머지 열 제자가 두 형제에게 분노했다(마 20:24). 이것이 집단적인 분노다. 그들은 함께 분노했다. 조금 희한한 상황이긴 해도 이렇게 한번 가정해 보자. 열 제자가 각각 이 요구에 대해 따로따로 듣고, 서로 만날 수 없는 상황이었다고 하자. 그때 우리가 제자들의 반응을 추적해 보았다면, 각자의 반응이 미묘하게 조금씩 달랐을 것이다. 하지만 그들을 한 방에 모아 놓으면, 그런 차이가 공통의 분노로 녹아들기 마련이다. (아마도) 가장 크게 분노한 제자

7. 분노와 집단

의 기운이 나머지 제자들에게 감염되어서 열 제자의 전반적인 분위기를 조성할 것이다.

또 다른 (흥미로운) 예는 얼마 후 베다니의 마르다가 값비싼 향유로 예수님의 발을 닦아 드린 사건에 제자들이 보인 반응이다. 요한은 이 사건을 상세히 기술하면서, 가룟 유다가 다음과 같이 (냉혹하고도 위선적으로) 여쭈면서 이의를 제기했다고 말한다. "이 향유를 어찌하여 삼백 데나리온에 팔아 가난한 자들에게 주지 아니하였느냐"(요 12:4-5). 마태복음의 병행 본문은 "제자들이 보고 분개하여 이르되 무슨 의도로 이것을 허비하느냐 이것을 비싼 값에 팔아 가난한 자들에게 줄 수 있었겠도다 하거늘"이라고 기록한다(마 26:8-9).

집단 역학에 대해 알고 상상력을 조금만 발휘해 본다면, 이렇게 확연한 정반대 기록을 조화시키는 게 그리 어렵지는 않다. 유다가 가장 먼저 반대한다. "이런 말도 안 되는 일이! 멍청한 여인 같으니라고!" 그러자 마치 트윗을 리트윗하듯 그의 불평이 전파된다. 또 다른 사람이 "맞아, 어리석은 여인 같으니라고!"라고 하자, 세 번째 사람도 "이게 무슨 낭비람!" 하고 불만을 토로한다. 비슷한 말이 계속 이어진다. 그렇게 얼마 되지 않아서, 모든 사람이 똑같이 분노하며 투덜거리고 있다. 유다의 화가 전 집단에 감염된다.

하지만 아무래도 분노의 전염성을 가장 생생하게 묘사한 예는 사도행전 19장 23-41절에 기록된 에베소 소요 사건이 아닐까? 누군가가 기독교를 전하는 자들이 아데미(Artemis) 숭배를 위협한다고 말한다. 그러자 다른 사람들도 덩달아 "옳소! 그건 말도 안 되는 일이지!" 하고 말한다. 요즘 같았으면, '#아르테미스혐오'라는 트윗이 돌았을 것이다. 마른 덤불에 불이 붙듯, 사람들의 분노가 산불처럼 번진다. 머지않아 분노의 함성이 온 도시를 뒤덮는 바람에 바울은 성난 군중의 공격을 받을 위험에 처한다. 그런데 역설적으로 누가는 "무리가 분란하여 태반이나 어찌하여 모였는지 알지 못하더라"라고 말한다(32절). 어떤 사람이 "왜 그렇게 화가 났어요?"라고 물으면, "글쎄요, 이유는 잘 모르겠지만 아무튼 몹시 화가 납니다!"라는 당혹스러운 대답이 돌아올지도 모른다.

사회학자 피터 버거(Peter Berger)는 『현대 사회와 신』(*A Rumor of Angels*)에서 순수한 이성이 아닌 '타당성 구조'(plausibility structures), 곧 주변 사람들이 믿는 바가 어떻게 우리의 신념을 형성하는지 잘 보여 준다. 그것은 우리가 믿는 것뿐 아니라, 가치 있게 여기는 것에도 해당할 것이다. 신념과 마찬가지로 감정에도 타당성 구조가 있다. 우리 사회의 누군가는 이렇게 말할지도 모른다. "왜 그런지는 잘 모르겠어요. 하지만 나는 자신을 성적으로 표현할 자유와 성적 정체성을 선택할 자유가 꼭 필요하며 매우 소중한 자유라고 확신합니다. 이 자유가 위협을 받을 때는 그에 맞서 싸우고 분노할 가치가 있습니다."

내가 화가 나면, 다른 사람들이 나와 함께 분노해 주기를 바란다. 결혼생활이나 이웃 관계, 직장에서 상대방의 말이나 행동에 화가 난다고 말할 때 다른 사람들이 그 분노에 동조하지 않고 그 분노가 정당한지 따진다면, 그 사람은 더 화가 나지 않겠는가? 나만 화내는 것이 아니라, 당신도 나와 함께 분노해 주기를 바란다. 그러면 내 분노가 더 괜찮게 느껴지기 때문이다.

이처럼 분노에는 사회적 차원이 존재하기 마련이다. 우리가 무엇을 소중히 여기는지, 그래서 무엇이 위협당할 때 우리가 분노하는지는 또래 집단에 크게 영향을 받는다. 고라, 나사렛 회당, 예수님의 제자들은 종교적 특권을 탐낸다. 그래서 그 특권이 위협을 받을 때 분노한다. 아데미 숭배는 에베소 문화와 불가분의 관계이다. 그러므로 아데미의 명성을 위협하는 것은 무엇이든 에베소 **사람들**과 그들의 정체성을 위협하는 것이다. 그런 도전은 그들에게 수치심을 주고, 따라서 그들을 분노하게 만든다. 이것이 소위 일부 아시아 문화에 존재하는 명예 살인의 뿌리가 되는 경우가 많다.

이런 문화적 상대성을 인식하는 것은 중요하다. 여성이 존중받지 못할 때 분노하는 사회가 있고, 남성의 권위가 약해질 때 분노하는 사회가 있다. 자녀가 부모에게 순종하지 않을 때 분노하는 사회가 있는가 하면, 어린이에게 자율성을 부여하지 않을 때 분노하는 사회도 있다. 우리가 공분하는 대상은 이 사회가 무엇을 가치 있게 여기는지 보여 준다.

세상의 분노가 우리에게 전염되는 것은 당연하다. 자신의 분노를 살필 때 자기 마음속을 들여다보는 일은 꼭 필요하지만, 그것만으로는 부족하다. 사회가 무엇을 중요시하는지, 이 사회(또는 교회)의 문화를 살펴보는 것도 필요하다. 사회가 바뀌면 분노도 바뀐다. 건강을 타고난 권리로 간주하는 사회에 사는 사람은 의료진이 자신의 병을 고치지 못한다고 할 때 화를 낼 것이다. 성적 쾌락은 당연히 충족되어야 한다고 말하는 사회에 사는 사람은 성적 쾌락에 대한 갈망이 좌절되었을 때 분노할 것이다.

특히, 사회는 예수님의 제자들에게 늘 분노할 것이다. 베드로는 "음란과 정욕과 술취함과 방탕과 향락과 무법한 우상 숭배"를 즐기는 삶에 대해 언급하면서, 이렇게 사는 사람들은 "그들과 함께 그런 극한 방탕에 달음질하지 아니하는 것을⋯⋯ 이상히 여겨 비방하나"라고 쓴다(벧전 4:3-4). 그들은 우리가 자신들이 하는 일에 동참하지 않는다는 이유로 화를 낸다. 우리의 반문화적인 저항, 선한 삶이 하나님 없는 그들의 집단 문화를 위협한다. 그들이 노하여 우리를 비방하는 까닭은 하나님을 내팽개친 그들의 합의된 문화를 우리가 위협하기 때문이다.

따라서 분노를 이해하려면 개인의 이야기를 아는 것만으로는 부족하다. 그것도 필요하기는 하지만, 그것만으로는 충분하지 않다. 가족의 가치관과 어린 시절에 물려받은 가치관, 이 사람이 숨 쉬는 문화적 공기 때문에 그가 공유하게 된 사회적 가치관의 이야기도 알아야 한다. 분노는 개인의 마음만 드러내는 것이 아니다. 분노는 군중에게 전염된다.

chapter / 8
타인을 끌어들이는 분노

분노의 집단적 차원은 분노가 하나님이 되려는 죄악된 욕구를 반영한다는 개념에 언뜻 배치되는 듯하다. 하나님은 유일하신 분이고, 보좌를 차지할 이는 한 사람뿐이니 말이다. 우리가 거기에 앉든지, 다른 사람이 앉든지 둘 중 하나다. 자신이 하나님 노릇을 하려면 나머지 모든 사람에게는 등을 돌려야 하지 않을까? 확실히 하나님은 그렇게 보시는 것 같다. 이사야서는 이렇게 말씀한다.

"나는 여호와라 나 외에 다른 이가 없나니 나 밖에 신이 없느니라"(사 45:5).

이것이 핵심이다. 한 분이신 참된 하나님의 통치는 유일하고 절대적일지 몰라도, 그것을 부적절하게 흉내 낸 인간의 통치는 그렇지 못하다. 하나님인 체하는 우리의 모습에는 수많은 차원에서 흠이 보이는데 이것도 그중 하나다. 일단 우리가 하나님께 반항하기로 작정하면, 즉 우리 삶을 다스리는 다른 권위를 세우기로 결심하면 거기에 도움이 된다고 생각하는 것은 무엇이든 누구든 갖다 쓰려고 할 것이다.

창세기 11장에 나오는 사건이 이를 입증하는 최초의 증거일지 모른다. "온 땅의 언어가 하나요 말이 하나였더라"(1절). 이 하나 됨의 결과가 두어 절 뒤에 드러난다. 사람들이 서로 이렇게 말한다. "자, 성읍과 탑을 건설하여 그 탑 꼭대기를 하늘에 닿게 하여 우리 이름을 내고 온 지면에 흩어짐을 면하자"(4절). 분노의 언어는 여기에 나오지 않지만, 하나님에 대한 반대와 갈등은 확실히 감지할 수 있다. 이 탑의 꼭대기는 하늘에 닿는다. 이런 연합 작전으로 사람들은 천국의 문을 급습하려 한다. 그들은 자신의 이름을 내기 원한다. 하나님의 영광을 위해 살겠다는 마음은 조금도 없다.

우리는 죄를 저지르는 데 있어 실용주의자들이다. 나를 알리는 데 도움이 된다면 기꺼이 다른 사람과 힘을 합칠 것이다. 이혼하는 부부가 자녀를 도구로 싸우는 경우가 얼마나 많은가? 소송에 유리하게끔 아이들을 두고 경쟁한다. 결혼이 깨졌다는 분노 때문에, 내가 이기기 위해서라면 무슨 일도 서슴지 않는다. 네 살짜리 아이의 지지를 얻는 것이 마치 일종의 도덕적 승리이자 자신의 정당성을 입증하는 것처럼 보인다.

우리는 화가 나서 점점 더 크게 이성을 잃는다. 우리의 주장에 구멍이 숭숭 뚫린다. 그럴 때 우리 편을 들어주는 사람이 있다는 것은 굉장한 이점으로 보인다. 우리 편이 이렇게나 많은데 어떻게 틀릴 수 있단 말인가? 이렇게 많은 사람이 상대가 틀렸다고 동의한다면 확실히 내가 옳은 것이다.

화를 낼 때는 분노의 렌즈로 보기 때문에 현실 감각이 왜곡된다. 이 진저리 나는 세계관을 어떻게든 유지하려면, 다른 사람들이 우리의 시각을 공유하고 그들도 우리와 의견이 같다고 말해 주는 것이 큰 도움이 된다. 이는 우리의 자기기만을 든든하게 받쳐 주고, 다른 관점에 귀를 기울일 필요성을 서서히 줄이다가 결국에는 아예 사라지게 만든다.

교회 건물을 확장하려는 목회자의 계획을 두고 서로 갈라져 싸우는 교회를 생각해 보자. 각 개인은 자신의 무지함을 잘 인지하고 있다. 그들은 전반적인 건축 계획서나 설계의 기본이 되는 여러 문제, 재정 계획서와 담보에 대해 읽어 본 적이 없다. 교인들은 이런 내용을 전혀 모르고 있으니, 어느 한 개인으로서는 그 점을 순순히 인정할 것이다. 하지만 집단으로 모이면, 누군가는 이런 내용을 제대로 조사하는 수고를 감당했고, 또 누군가는 건물 확장이 옳고 정당하다는 증거를 확보했다고 가정하기 쉽다. 내가 이야기를 나눈 사람들이 다 그렇게 생각하기 때문이다. 성난 군중의 핵심 법칙은 상대방과 절대로 친하게 지내서는 안 된다는 것이다.

분노의 해결책에 대해서는 나중에 좀 더 자세히 살펴볼 것이다. 여기서는 화해를 사역으로 하는 사람은 '적수'와 직접 대면하게 하는 것을 핵심으로 여겨야 한다고 지적하는 것으로 충분하다. 얼굴과 얼굴을 마주하고 만나면 상대에 대한 피상적인 생각을 피할 수 있다. 여호와 하나님은 완전하고 순수하게 선하신 분이다. 악한 것을 반대하는 그분의 성품은 단호하고 절대적으로 옳다. 하지만 우리는 다르다. 종잇장처럼 얇은 인간의 '의'가 온갖 종류의 이기적이고 잘못된 사고의 틈새를 덮어 버린다. 우리 적수가 순전히 악하기만 한 것은 아니다. 그런 생각은 분노가 만들어 낸 전쟁의 혼란 가운데 우리가 스스로 납득시킨 미신에 불과하다.

군중 속에 섞여 있으면 망상을 믿기 쉽다. 우리는 확실히 옳고 상대는 확실히 틀렸다고 착각한다. 물론, 모든 문제가 다 회색 지대에 있다는 뜻은 아니다. 옳고 그른 것은 분명히 있다. 옳고 그름의 범주는 존재한다. 하지만 그것은 창조주 하나님의 마음과 계시된 뜻에 존재한다. 그것을 우리가 만들어 낸 것이나 원하는 것과 혼동해서는 안 된다.

19장에 소개한 실제 사례에서 살펴보겠지만, 하나님을 적절한 자리에 다시 모시는 것(과 우리 자신을 제자리에 갖다 놓는 것)은 분노의 논쟁을 해결하는 가장 중요한 단계인 경우가 많다. 그렇게 될 때 다른 사람들과의 소속감이 변화된다. 더는 우리가 옳고 남들은 틀렸다는 확신에 근거하지 않게 된다.

하나님을 그분의 보좌에 모셔야 한다는 것을 기억할 때 우리는 겸손한 하나 됨을 느낀다. 함께 회개한다. 내가 아니라 그분이 옳다는 사실을 기꺼이 인정한다.

그런데 겸손하면서도 화를 내는 것은 굉장히 어려운 일이다. 예수님이 그런 분이셨지만, 솔직히 말하자면 우리는 그와는 거리가 멀다.

chapter / 9
의로운 분노?

성경에는 인간의 분노가 정당해 보이는 예가 몇 군데 있는데 극소수에 불과하다. 우리가 아는 한에는, 다음에 나오는 예시가 전부다!

십계명을 들고 산에서 내려온 모세는 사람들이 흥청망청하는 소리를 듣는다. 성경은 그가 "크게 노하여"라고 기록한다(출 32:19). 이 사건에 대한 전체적인 묘사는 모세의 분노가 하나님의 분노와 정확히 일치한다는 점을 분명히 한다. 모세가 백성의 우상 숭배에 분노한 것은 옳다.

원수인 암몬 사람들이 길르앗 야베스 사람들에게 끔찍한 일을 저지르겠다고 협박한다. 이 소식을 들은 사울은 "하나님의 영에게 크게 감동되매 그의 노가 크게 일어난다"(삼상 11:6). 사울에게 하나님의 영이 임했고 그가 분노했다는 밀접한 연관성은 이것이 의로운 분노임을 암시한다.

종교적 위선에 맞닥뜨린 세례 요한은 분개한다. 그는 의로운 분노로 불타올라서 "독사의 자식들아"(마 3:7)라고 공표한다. 그의 분노는 정당하다.

고린도를 방문한 바울은 우상 숭배 현장과 한 분 참 하나님의 명예가 더럽혀지는 모습을 목격하고는 "마음에 격분"(행 17:16)한다. 이는 그의 영이 격노한 것을 암시한다. 신약성경에서 "격분"이라는 단어를 사용한 유일한 다른 예는 고린도전서 13장 5절인데, 거기서도 성내는 것을 가리킨다. 하지만 고린도전서 13장에서는 사랑이 잘못된 분노와 대조를 이루지만, 사도행전 17장에서는 바울이 올바르게 화를 내고 있다.

따라서 하나님이 우리에게 "네가 성내는 것이 옳으냐?"(참고. 욘 4:4)라고 물으실 때 그 답이 아주 가끔은 "예!"일 수도 있다. 하지만 그럴 때조차도 우리의 가장 의로운 분노는 부도덕한 측면이 있다.

사소한 예를 하나만 들어도 이 점을 입증하기에 충분할 것이다. 내가 큰 도로로 연결되는 교차로 근처의 작은 도로를 건너고 있다고 하자. 인도에서 막 내려서려는데 큰 도로에서 차량 한 대가 신호도 없이 들어왔다. 차를 피하려고 재빨리 인도로 올라간 나는 분노가 일었다. 누군가 내게 화난 이유를 묻는다면, 아마 이렇게 대답했을 것이다. "그 차가 사회의 선한 도덕 질서를 위협하기 때문에 화가 났습니다. 이건 옳지 않은 행동이에요. 이렇게 행동하면 안 되죠. 나는 충분히 화낼 자격이 있습니다." 완전히 틀린 말은 아니지만, 내가 화난 이유는 따로 있다. 그 차가 내게 불편을 끼쳤기 때문이다. 나는 이런 일이 다른 누군가가 아닌 바로 내게 발생했기 때문에 더 화가 난 것이다. 이렇듯 내 의로운 분노조차도 죄와 섞여 있다.

성경에 나오는 의로운 분노의 예가 한 가지 더 있다. 시편 저자들은 악인들의 악행에 대해 격한 분노를 반복해서 표현한다. 이들은 이 악인들이 하나님의 선한 율법을 존중하지 않는다는 이유로 분개한다. 예를 들면, "주의 율법을 버린 악인들로 말미암아 내가 맹렬한 분노에 사로잡혔나이다"(시 119:53). 시편은 하나님의 영감을 받아 기록되고 노래되었기에 이 시들은 특정한 부류의 분노로 취급될 수 있다. 시편 기자들은 그리스도의 영이신 하나님의 영으로 노래했기 때문이다. 이들의 의로운 분노는 우리에게 인류 역사에서 유일하게 순수하고 의로운 분노를 표현하신 나사렛 예수님의 분노를 앞서 보여 준다.

경건한 분노와 불의한 분노의 관계를 생각해 보면, 우리가 하나님의 의로운 분노를 닮기 위해 애쓰면서 겪는 어려움이 조금은 이해가 된다. 경건한 분노를 경험할 때 우리는 하나님을 닮아가는 삶을 요청받는 셈이다. 그것은 하나님이 관심을 가지시는 것들에 똑같이 관심을 갖고, 학대와 불의와 악에 분노하라는 요청이다. 앞의 예시에서 보았듯이 때로 하나님의 영은 우리 안에 이런 종류의 경건한 분노를 일깨우신다. 우리 영혼이 동요되어 하나님이 느끼시는 것과 똑같은 불쾌함을 느끼고, 무고한 자가 고통받는 모습을 싫어하게 되고, 하나님이 아닌 자신을 내세우는 종교 지도자들의 억압에 격분하게 된다.

그렇다고 해도 늘 최선의 결과를 낳는 것은 아니다. 대부분은 하나님을 닮는다면서 아주 미묘하게 자신이 그분을 대체하는 상태로 빠져든다. 자기 하고 싶은 대로 하고, 그분의 자리를 대신 차지한다. 얼마 지나지 않아 우리가 걱정하는 것은 자신의 명예요, 사람들이 위반하는 것은 우리의 법이며, 우리를 격노하게 하는 것은 우리 자신의 필요다.

여기서 위험한 점은 경건한 분노와 불의한 분노는 아주 가까운 이웃이지만, 살아 보면 전혀 다른 집이라는 사실이다. 그리고 우리는 엉뚱한 집에 들어가고도 그 사실을 인지하지 못하고 살 때가 많다. 그런 일이 벌어질 때 우리가 터뜨리는 분노는 하나님이 아닌 전적으로 우리에게 속한 분노가 된다.

특히 목회자들이 이런 실수를 저지르기 쉽다. 어떤 면에서 하나님을 대신하는 자신의 임무를 의식하다 보면, 그분을 대신해서 말하고, 그분의 의를 선언하고, 그분의 심판을 경고하려고 하게 되기 때문이다. 하지만 자신의 설교가 세상이나 죄에 대한 하나님의 분노를 선언한다고 스스로를 얼마나 설득했든지, 다른 사람들은 이것이 목회자가 자신의 분노를 표출한 또 다른 인간의 분노에 불과하다는 것을 알 수 있다.

의로운 분노가 불의한 분노로 변질될 때는 항상 자신이 왕좌에 슬며시 올라앉았기 때문이다. 하나님을 드러내는 대신, 내가 그 자리를 차지해 버린 것이다.

늘 그렇듯, 해결책은 우리의 시선을 그리스도께 향하는 것이다. 자신의 위치를 정확히 아셨기에 그분이 보이신 거룩한 겸손의 본보기를 바라보고 흉내 내려고 힘쓰는 것이다. 예수님은 아버지께 철저하게 복종하시고 아버지의 말씀만을 전하시고 아버지의 명예만을 추구하셨다. 앞으로 살펴보겠지만, 예수님을 분노하게 만든 것은 절대로 그분에 대한 개인적인 모욕이 아니었다. 가난한 자들에 대한 불공평한 대우와 하나님 아버지의 이름을 더럽히는 일에 그분은 분노하셨다.

2부에서는 예수님의 온전한 분노를 살펴보려 한다. 그 분노는 우리에게 삼위일체 하나님의 흠 없는 분노를 보여 준다.

PART / 2

하나님의 분노를 알라

: 인간 분노의 치료제

사람들은 분노하시는 하나님을 좋아하지 않는다. 우리는 특히 분노의 하나님을 구약성경에 가두고는 한다. 예수님을 통해 표현된 사랑의 하나님은 괜찮지만, 구약성경에서 만나는 복수의 하나님은 딱 질색이라고 한다. 하지만 그들이 신약성경을 꼼꼼히 읽는다면, 신약성경의 하나님도 맘에 들지 않기는 마찬가지일 것이다. 그 하나님도 결국에는 같은 하나님이시기 때문이다. 그분의 분노는 구약성경뿐 아니라 신약성경에도 나타나 있다.

1. 하나님의 분노가 중요한 이유

많은 사람들이 여호와의 분노를 특히나 즐겨 선포하는 설교자와 교회를 만나게 될 것이다. 그들은 하나님의 심판을 확실하게 주장하면서도, 자신은 의로운 사람이라서 그 심판에서 제외된다고 자신만만하게 가정한다. 이 둘은 불편한 부조화를 이룬다. 이런 배경 때문에 하나님의 분노라는 주제는 신중하면서도 경건하게 다루어야 할 민감한 문제가 된다. 하지만 분노를 느끼고 표현할 자신의 권리는 열정적으로 주장하면서, 하나님의 분노를 거부하는 것은 확실한 모순이다.

1741년에 신학자 조나단 에드워즈(Jonathan Edwards)가 남긴 유명한 설교가 있다. 설교 제목은 "진노하시는 하나님의 손에 붙들린 죄인들"(Sinners in the Hands of an Angry God)이다. 나는 얼마 전에 에드워즈의 설교를 바로잡기 위해 썼다는 책을 우연히 보게 되었다. 책 제목은 『사랑하시는 하나님의 손에 붙들린 죄인들』(Sinners in the Hands of a Loving God)[1]이었다. 책의 홍보 문구에는 이렇게 적혀 있었다. 에드워즈의 설교는 "분노와 폭력, 보복의 하나님이라는 신관을 지닌 미국의 신학을 형성했다." 저자는 그 대신에 우리는 "죄인들을 위한 신적 계시의 절정은 **진노의 하나님**이 아니라, **사랑의 하나님**"[2]이라고 이해해야 한다고 말한다.

오늘날에는 이런 관점이 흔하다. 분노라는 문제에 대한 해답을 이렇게들 이야기한다. "우리는 하나님의 사랑을 이해해야 합니다. 하나님의 인자하심이 우리에게 영향을 미치도록 그 가운데 깊이 잠겨야 합니다." 그러나 같은 관점에서 다음과 같이 말하는 사람은

---

1) Brian Zahnd, *Sinners in the Hands of a Loving God: The Scandalous Truth of the Very Good News* (Colorado Springs, CO: Waterbrook, 2017).
2) Zahnd, *Sinners in the Hands of a Loving God*, 2019년 4월 3일 접속함. https://www.amazon.com/Sinners-Hands-Loving-God-Scandalous/dp/1601429517.

없을 것이다. "하나님도 분노하신다는 생각의 여지를 남겨야 합니다!" 사람들은 그런 사고를 거부하는데, 그것이 한 가지 악(인간의 분노)을 더 큰 악(분노하시는 하나님의 강력한 진노)으로 대체하는 것 같기 때문이다.

하지만 그것이 곧 신약성경이 말하는 바다. 바울은 박해받는 사람들에게 이렇게 편지한다. "너희를 박해하는 자를 축복하라 축복하고 저주하지 말라…… 내 사랑하는 자들아 너희가 친히 원수를 갚지 말고 하나님의 진노하심에 맡기라[문자적으로, 여지를 두라]." 그런 다음, 신명기를 인용하여 "원수 갚는 것이 내게 있으니 내가 갚으리라고 주께서 말씀하시니라"라고 말한다(롬 12:14, 19, 신 32:35을 인용). 신약성경은, 우리가 하나님의 진노라는 여지를 받아들인다면, 다시 말해 분노하시는 하나님을 인정한다면, 우리를 박해하는 자를 축복하고 우리가 복수하지 않을 수 있다고 말한다. 그래서 분노라는 문제를 해결하는 한 가지 열쇠는 우리의 사고와 감정에 하나님의 분노에 대한 정확한 지식을 담는 것이다.

성경에서 분노를 언급하는 본문의 절반 이상이 하나님의 분노를 말한다. 구약은 물론이고 신약도 마찬가지다. 이상하게 들리겠지만(세상 사람들 듣기에는 정말 이상할 것이다), 세상이 제공하는 분노 조절법의 아킬레스건은 하나님의 분노가 **부재**하다는 것이다. 우리는 하나님의 분노에 당황하지 말고, 오히려 그것을 더 많이 이야기해야 한다. 2부 전체를 이 주제에 할애하는 것도 바로 그 때문이다.

2. 하나님의 감정을 이야기하기 어려운 이유

왜 이 주제를 1부에서 다루지 않았는지 궁금한 독자들도 있을 것이다. 그 이유가 중요하다. 물론 (하나님은 늘 최우선 고려 대상이기에) 하나님의 분노에 신학적인 우선순위가 있지만, 우리는 인간의 분노를 이해하지 못하고서는 하나님의 분노에 대한 묘사를 이해하기 힘들다. 하나님은 우리와 같지 않으시다. 하나님은 그저 조금 더 크고 강하고 빠르고 현명하고 열정적인 인간이 아니시다. 우리는 인간에 근거하여 하나님이 어떤 분이신지 조금이라도 추론할 수 없다. 그분은 우리의 이해를 초월하는 분이시다.

하나님이 말씀하지 않으셨다면, 우리는 그분에 대해 거의 알지 못했을 것이다. 그런데 그분은 말씀하셨다. 인간의 제한된 이해력에 맞추어 자신을 계시하셨다. 우리가 알아들을 수 있는 언어로 말쓸하셨다. 예를 들어, 하나님은 영이시고 몸이 없으신데도(요 4:24), 성경은 하나님의 손과 팔, 귀와 눈을 언급한다. 우리는 인간의 손과 팔, 귀와 눈이 어떤 역할을 하는지 알기에 그런 표현을 이해할 수 있다. 이런 언어는 행동하시는 하나님(손과 팔), 우리의 기도를 들으시는 하나님(귀), 세상만사를 아시고 사람들을 지켜보시는 하나님(눈)에 대해 말해 준다. 하지만 하나님께는 이런 신체 기관이 없다는 것을 우리는 잘 안다.

하나님의 감정을 언급한 부분을 읽을 때는 주의해야 한다. 창세기 6장은 노아 홍수 이전에, 하나님이 "사람의 죄악이 세상에 가득함과 그의 마음으로 생각하는 모든 계획이 항상 악할 뿐임을 보시고 땅 위에 사람 지으셨음을 한탄하사 마음에 근심하셨다"(5-6절)고 기록한다. 여기서 하나님이 겪으시는 감정과 인간의 후회라는 감정 사이에는 확실히 연관성이 있다. 그러나 우리가 생각하는 연관성에 주의해야 하는데, 하나님은 실수하지 않으시는 분이기 때문이다. 또한 인간의 악함에도 놀라지 않으신다.

인간의 감정은 무언가에 대한 반응이다. 외부에서 벌어진 뜻밖의 상황이 우리 내면의 감정을 휘젓는다. 하지만 하나님은 우리와 다르신데, 그분께는 뜻밖의 일이란 없기 때문이다. 세상의 사건들로 인해 하나님이 어떤 행동을 하거나 어떤 감정을 느끼신다면, 더는 절대 지배권을 가진 주권적인 신이 아닐 것이다.

따라서 우리가 하나님이 분노하신다는 글을 읽을 때 인간이 겪는 분노와 연결 짓는 것은 괜찮다. 그런 연관성이 없으면, 그 진술도 의미가 없기 때문이다. 하지만 둘의 차이점에도 주의해야 한다. 하나님의 분노는 인간의 분노와 다르다. 우리는 조금이나마 죄로 물들지 않은 분노를 느낀 적이 없고, 전지전능한 존재로서 분노, 아니 그 어떤 감정도 경험한 적이 없다. 하나님은 우리를 뛰어넘는 존재시고, 그런 까닭에 그분의 정서를 완전히 이해한다는 것은 우리로서는 도저히 불가능한 일이다.

그래서 매우 주의해야 한다. 하나님이 분노하신다는 글은 하나님에 대한 진리를 말하고 있다. 거기에 쓰인 표현은 우리가 하나님을 이해하도록 도와준다. 그러나 하나님의 분노가 단순히 인간의 분노를 크게 확대한 것에 불과하다는 생각은 거부해야 한다. 하나님의 분노는 우리의 분노보다 크지만, 그 이상의 의미가 있다. 가장 중요한 것은, 하나님의 분노는 전적으로 순수하다는 점이다.

이는 성경에서 하나님의 분노를 가르치는 내용이 인간의 분노와 비슷한 점보다는 대부분 다른 점을 언급하는 이유를 잘 설명해 준다. 이제 성경이 말하는 하나님의 분노의 여섯 가지 특징을 살펴보도록 하자.

chapter / 10
하나님의 분노는 선하다

성경이 말하는 하나님의 분노의 특징 중 첫 번째는 단순하지만 가장 기초가 되는 진리다. 하나님의 분노는 전적으로 선하다.

하나님의 단순성

영국 성공회 39개조 신조 제1조는 하나님은 "몸도 지체도 감정도 없으시다"라고 전통적인 고대 기독교 교리를 표현한다. 우리는 여기서 "지체도 없으시다"(without parts)라는 부분에 주목하려 한다. 이 교리는 "하나님의 단순성"으로 알려져 있는데, 말과 달리 이해하기는 쉽지 않다.[1]

하나님이 "지체가 없으시다"라는 말은 우리가 신학적 레고 조각

---

1) 이 교리에 대한 확실한 설명은 Peter Sanlon, *Simply God: Recovering the Classical Trinity* (Nottingham, UK: Inter-Varsity Press, 2014)를 보라.

을 가지고 머릿속에서 하나님을 조립할 수 없다는 뜻이다. 우리는 하나님의 속성을 블록 삼아서 그분의 성품에 붙여 가면서 '하나님'이라는 존재를 합성한다고 생각해서는 안 된다. 하나님은 스스로 계신 분이다. 그분의 존재가 곧 그분의 속성이다. 하나님 안에 있는 모든 것이 바로 하나님이다. 그분의 속성과 존재를 따로 분리할 수 없다.

따라서 하나님은 사랑을 (특징으로) **가지고** 계실 뿐 아니라, **사랑** 자체이시다. 하나님께 꼭 있어야 할 신적 특징이 있는데 그 속성 중 하나가 사랑인 것이 아니다. 하나님께 빛이 **있는** 것이 아니라, 그분이 곧 **빛**이시다. 그분께 거룩함이 **있는** 것이 아니라, 그분이 곧 **거룩**이시다. 하나님의 속성이 곧 그분의 존재이기에 우리는 그 둘을 분리할 수 없다.

하나님의 사랑은 거룩이다. 하나님의 거룩은 사랑이다. 그분의 분노는 거룩과 사랑이다. 그분의 사랑은 분노와 거룩이다. 그분의 거룩은 사랑과 분노이다. 우리는 하나님을 분해해서 우리가 좋아하는 부분만 가지고 조립하려 해서는 안 된다.

특히, 하나님의 분노는 그분의 선하심과 분리할 수 없다. 악을 보고도 진노하지 않으시는 하나님은 선하신 하나님일 수 없다. 악을 미워하지 않으시는 하나님은 사랑이실 수 없다. 악에 대해 불같이 진노하지 않으시는 하나님은 거룩하신 하나님일 수 없다. "하나님의 진노하심에 맡기라"(롬 12:19)는 바울의 말은 이런 뜻이다. "너희의 죄악된 분노를 포기하고, 의로운 분노를 발하시는 유일한 분께 맡기라. 그분의 분노는 완전히 선하다."

다음은 하나님의 분노가 선할 수 있는 다섯 가지 이유로, 각각은 인간의 분노와 대조를 이룬다.

1. 하나님의 분노는 온전한 지식에 기초한다

인간의 분노가 문제를 일으키는 이유 한 가지는 인간이 모든 사실을 알지는 못하기 때문이다. 보디발이 요셉에게 "심히 노해서"(창 39:19-20) 그를 옥에 가두었을 때 그는 거짓말에 속아 분노했다. 그가 진실을 알았다면 요셉이 아니라 그를 속인 아내에게 화를 냈을 것이다. 이는 인간의 분노에서 흔히 볼 수 있는 일이다. 우리는 성급히 결론을 내린다. 최악의 동기를 떠올린다. 그리고 화를 낸다. 그것도 거짓말, 기껏해야 반쪽짜리 진실에 화를 내고는 한다.

그러나 하나님의 분노는 온전한 지식에 근거한다. 악한 이들은 하나님이 모르실 거라고 스스로 속이면서 "하나님이 어찌 알랴? 지존자에게 지식이 있으랴?" 하고 묻는다(시 73:11을 비롯한 여러 시편을 보라). 그들은 (우리도) 남몰래 일을 해치울 수 있다고 생각한다. 하나님이 모르실 거라고 믿는다. 가인은 동생을 몰래 죽일 수 있다고 생각한다. 피는 땅속으로 스며들고, 증거는 사라질 것이다. 아무도 모를 것이다. 그러나 여호와께서는 "네 아우의 핏소리가 땅에서부터 내게 호소하느니라"(창 4:10)라고 말씀하신다.

하나님은 아신다. 그것도 완벽하게 아신다. 인간의 마음을 아시기 때문이다(예. 행 1:24). 하나님은 압박도, 정상 참작이 가능한 상황도, 의도도, 마음의 욕구도 아신다. 모든 것을 아신다. 하나님이 분노하실 때 그 진노는 온전한 지식에 기초한다.

2. 하나님의 분노는 순전히 악으로 인해 발생한다

사람은 온갖 종류의 이유로 화를 낸다. 때로는 그저 '꿈자리가 사납다'는 이유로 화를 낸다. 딱히 이유가 없는데도 기분이 나빠서 분노한다. 하지만 하나님은 변덕스럽거나 제멋대로이지 않으시다. 짜증을 내는 법도 없으시다. 우리처럼 '욱하는' 일도 없으시다. 성경에서 하나님이 진노하시는 경우는 하나같이 악, 순전히 악 때문에 발생한다.

3. 하나님의 분노는 완전히 공정하다

인간 분노의 또 다른 문제점은 과잉 반응이다. 누가 내 차를 받아 찌그러뜨리면 총을 쏴 버린다. 누가 내 말을 끊으면 마구 두들겨 팬다. 인류 초기의 범죄자 중 한 사람인 라멕은 자신에게 해를 입힌 사람을 죽여서 복수했다고 아내들에게 자랑했다(창 4:23).

하나님의 분노는 다르다. 그분의 진노는 모든 면에서 완전히 공정하다. 하나님은 절대 도를 넘는 법이 없으시다. 아브라함은 "세상을 심판하시는 이가 정의를 행하실 것이 아니니이까"(창 18:25)라고 묻는다. 그렇다. 그분은 항상, 어느 곳에서든, 어떤 상황에서든 완전히 공정하시다.

4. 하나님은 분노를 미리 경고하신다

인간이 상상력으로 만들어 낸 수많은 신과 달리, 하나님은 예측 불가능하고 제멋대로인 신이 아니시다. 인간이 만든 신들은 우리와 비슷하다. 운이 나쁜 경우에는 신이 그저 기분이 나쁘다는 이유만으로 어떤 사람에게 파괴적인 분노를 터뜨린다. 운이 좋으면 그런 일은 없을 것이다. 하지만 그 둘을 구분하기란 힘들다. 신이 무엇 때문에 노하는지 미리 알 수 없기 때문이다.

그러나 참되신 하나님은 무엇이 그분을 진노하게 하는지 경고하신다. 인간에게 양심을 주셔서 미리 알려 주시기에 성경이 없더라도 우리는 무언가가 잘못된 것을 알아차릴 수 있다. 하지만 주님은 가장 확실한 방법으로 우리에게 하나님의 율법, 그중에서도 최고인 십계명을 계시하시고, 거기에서 비롯된 법을 설명해 주셔서 경고하신다. 이 법을 위반하면 늘 하나님은 진노하시는데, 하나님은 우리의 유익을 위해 이 법을 주셨기 때문이다. 하나님의 분노는 바로 그분의 사랑을 나타낸다.

슬기로운 왕 요시야의 개혁 기간에 이를 생생하게 보여 주는 예가 등장한다. 일꾼들은 성전을 복구하기 위해 성실히 작업하던 중에 먼지가 쌓인 오래된 율법 책을 발견한다. 그들은 책을 왕께 가져가 낭독한다. 율법의 말씀을 들은 왕은 이제야 하나님의 진노를 깨닫고 자기 옷을 찢는다. 왕은 "우리 조상들이 여호와의 말씀을 지키지 아니하고 이 책에 기록된 모든 것을 준행하지 아니하였으므로 여호와께서 우리에게 쏟으신 진노가 크도다"(대하 34:21)라고 말한다. 우리는 하나님의 진노를 예상할 수 있다. 그분은 긴급하고도 확실하게 경고하신다. 보라, 여기 책이 한 권 있다. 먼지가 잔뜩 쌓이고 어디 숨겨졌는지조차 모를 정도지만, 누군가 그 책을 발견해 읽어 주기만을 기다리고 있다.

5. 하나님의 분노는 선하다

세상의 악이 억제되고 궁극적으로는 멸망하려면 하나님의 분노가 꼭 필요하다. 우리는 하나님이 진노하신다는 사실에 기뻐해야 한다. 우리는 우주의 중심에 사랑이신 하나님, 거룩하신 하나님, 빛이신 하나님이 계시고, 바로 이 하나님이 순수하고 거룩하고 사랑이신 분노로 분노하신다는 사실을 송축해야 한다. 하나님의 분노는 선하다.

chapter / 11

하나님은 분명히 분노하신다

하나님의 분노의 두 번째 특징은 눈에 보이도록 분명하다는 것이다.

우리는 하나님의 분노를 분명히 알 수 있다. 그렇다면 어떻게 하나님의 분노를 알 수 있는가? 다시 말해, 이 분노가 단순히 나 자신만의 복수심이 아님을 어떻게 알 수 있는가? 프로이트(Freud)의 표현대로라면, 우리는 그저 하나님이라는 존재에 인간의 결함을 투영한 것은 아닐까? 정말로 하나님이 분노하시는 분이라고 어떻게 확신할 수 있는가? 하나님이 우리처럼 복수심 가득한 분노를 품으신다고 착각하는 것 아닌가?

성경은 "어떻게 알 수 있는가?"라는 이 질문에 답을 주면서, 그저 "내가 너희에게 이렇게 말하기 때문이다."라고만 하지 않는다. 최소한 세 가지 증거, 곧 하나님의 분노를 입증하는 분명한 현상 세 가지를 제시한다.

1. 인간 정부는 하나님의 의로운 분노를 실행하는 대리인이다

정부에 대해 언급하는 중요한 단락인 로마서 13장 1-7절은 이렇게 말한다. "그가 공연히 칼을 가지지 아니하였으니 곧 하나님의 사역자가 되어 악을 행하는 자에게 진노하심을 따라 보응하는 자니라"(4절). "칼"은 정부가 악을 행하는 자에게 가하는 정당한 형벌을 약칭하는 표현이다. 그러나 이 본문을 정부가 특정 범죄에 사형을 선고할 수 있는가에 대한 답으로 사용할 수는 없다. 사형 문제는 하나님의 말씀 전체에 기초해서 논의해야 한다. 여기서 칼은 형벌을 가리키는 은유일 뿐이다. 의로운 분노의 칼을 뽑아 들면 의로운 형벌의 칼을 휘두르게 된다. 이 원리는 속도위반에서 무기징역까지 모든 것에 적용된다.

물론 인간 정부가 정의롭지 못할 때는 어려운 문제가 생긴다. 성경 저자들은 그 점을 잘 알고 있었다. 여기서 핵심은, 인간 정부가 악행을 저벌할 때 그 정부는 하나님의 의로운 분노의 칼을 행사한다는 것이다. 바울이 의도한 바는, 악을 행하는 자에게 통치자란 공포의 대상이라는 것이다. 물론 여러 면에서 그렇다. 완전한 무정부 상태로 해체된 사회가 아닌 한에는 살인이나 도둑질, 심각한 수준의 신체적 상해를 입혀서 유죄 판결을 받으면, 벌을 받게 되어 있다. 그러기 위해서 기독교 정부까지 필요하지는 않다.

전 세계와 역사상의 모든 사회는 과연 어떻게 죄를 처벌할 수 있는가? 바울에 따르면, 그 답은 하나님의 의로운 분노의 칼을 휘두르는 것이다. 사람은 누구나 하나님의 분노, 그분의 정당한 분노를 볼 수 있다. 이것이 하나님의 분노가 분명하게 드러나는 한 가지 중요한 방식이다.

2. 악의 자멸은 하나님의 의로운 분노를 드러낸다

악은 자멸한다. 시편 7편에서 기름 부음을 받은 왕 다윗이 하나님께 피하자 그 원수들이 분노한다. 다윗은 그들의 "노"를 언급하며 하나님께 "진노"로 일어나시라고 요청한다(6절). 하나님의 선한 분노와 다윗의 원수들의 악한 분노가 대비된다. 그리고 나서 다윗은 이렇게 말한다.

"나의 방패는 마음이 정직한 자를 구원하시는 하나님께 있도다 하나님은 의로우신 재판장이심이여 매일 분노하시는[1] 하나님이시로다"(10-11절).

하나님은 마지막 심판 때 공개적으로 분명하게 분노를 드러내기를 기다리지만은 않으신다. 어떤 의미에서 하나님은 인류 역사에서 날마다 진노를 드러내신다. 시편 7편은 악의 자멸하는 본성을 실감 나게 묘사하여, 우리가 그 점을 이해하도록 도와준다.

---

[1] 이 동사의 정확한 번역을 두고는 논란이 있지만, 분노하는 감정과 심판의 행위로 그 분노를 표현하는 것을 둘 다 나타내는 듯하다.

"악인이 죄악을 낳음이여 재앙을 배어 거짓을 낳았도다 그가 웅덩이를 파 만듦이여 제가 만든 함정에 빠졌도다 그의 재앙은 자기 머리로 돌아가고 그의 포악은 자기 정수리에 내리리로다"(14-16절).

악은 왜 이토록 자멸하기 쉬운가? 하나님이 분노하시기 때문이다. 악이 스스로 불러오는 패배는 곧 하나님이 분노하신다는 증거다. 자멸하는 악은 하나님의 진노를 보여 준다. 탐욕스러운 구두쇠가 홀로 남아 외롭게 되거나, 성적으로 문란한 사람이 비참해지거나, 성공에 방해가 되는 사람들을 짓밟은 폭력적인 사람이 혐오와 멸시의 대상이 될 때는 자기가 놓은 덫에 스스로 걸린 셈이다.

악은 희한하면서도 역설적으로 자신을 파괴한다. 악은 자신이 바라는 바를 절대 손에 넣지 못한다. 현세에서도 환멸로 끝날 때가 많고, 영원에서는 늘 환멸로 끝난다. 악의 이 희한한 좌절은 하나님이 그분의 진노를 드러내고 계시다는 증거다. 하나님은 그분의 진노를 우리가 알도록 도우신다.

따라서 인간 정부가 내린 공평한 형벌 및 악의 좌절과 자멸은 하나님의 분노를 보여 주는 증거다.

3. 도덕적 혼란은 하나님이 분노하신다는 증거다

출애굽기의 유명한 본문에서, 언약의 하나님은 스스로를 이렇게 표현하신다. "여호와라 여호와라 자비롭고 은혜롭고 노하기를 더디하고 인자와 진실이 많은 하나님이라 인자를 천대까지 베풀며 악과 과실과 죄를 용서하리라 그러나 벌을 면제하지는 아니하고 아버지의 악행을 자손 삼사 대까지 보응하리라"(출 34:6-7). 아버지의 죄를 자녀에게까지 보응한다는 마지막 부분은 잘 믿기지가 않는다. 어떻게 성경이 그렇게 가르칠 수 있는가?

하지만 이를 확인하기 위해 굳이 세계 가족사에 대한 복잡한 지식까지 알 필요가 없다. 아이들은 좋은 쪽이든 나쁜 쪽이든 부모와 조부모의 영향을 크게 받는다. 그걸 피할 수는 없다. 트라우마의 영향에 대한 연구가 급증하는 현실은 이 점을 잘 드러낸다. 세상 심리학자들은 정신적 외상을 초래하는 사건들(물론, 아버지의 죄에서 비롯된 트라우마를 포함해서)이 우리에게 어떻게 영향을 주는지 점점 더 많은 연구를 내놓고 있다.

1960~70년대에 성장한 사람들은 질풍노도와 같은 시대의 영향을 받았다. 밥 딜런(Bob Dylan)의 유명한 노래처럼 "시대가 바뀌고 있었기"(the times they are a changin') 때문이다. 무엇보다 당시는 성(性) 혁명의 시대였다. 섹스는 결혼생활에서만 가능하다는 구닥다리 사고가 폐기되고 무한한 자유와 쾌락을 약속했다. 사람들은 "자유롭게 사랑하며"(free love, 그것은 자유도 사랑도 아니었기에 희한한 표현이었다) 원한다면 누구와도 성관계를 할 수 있다고 말했다. 이제 그들은 그 대가를 치르고 있다. 자녀 세대가 고통받고 있으며, 부모가 어리석게도 믿었던 거짓말을 반복하고 있다.

이런 부도덕이 조장한 성적 혼란은 쓰나미 같은 비극의 원인이 되어 쾌락의 약속에 미혹된 수많은 사람의 인생을 망가뜨린다. 나(크리스토퍼)는 아내와 함께 입양 부모를 지원하기 위한 훈련에 참석했는데, 굉장히 큰 도움과 깨달음을 얻었다. 아버지의 죄(어머니의 영향도 있지만, 아버지의 영향이 크다)가 자녀에게 미친 끔찍한 결과를 눈으로 확인할 수 있었기 때문이다.

도덕적 혼란, 곧 인류가 하나님의 세상에 남긴 끔찍한 혼란은 하나님이 인간의 죄에 정당하게 분노하신다는 증거다. 바울은 로마서 1장 후반부에서 이 주장을 펼친다. "하나님의 진노가…… 하늘로부터 나타나나니"라는 18절부터 읽어 나가다 보면 잘못된 욕구를 나열한 끔찍한 목록을 볼 수 있다. 바울에 따르면, 엉망진창인 세상의 도덕적 혼란으로 인한 죄 때문에 하나님이 진노하신다. 나중에 로마서에서 바울은 모든 피조물이 "허무한 데 굴복"하며 "썩어짐의 종노릇"을 하고 있다고 말한다(롬 8:20-21).

전도서는 이를 아주 생생하게 묘사한다. 우리는 혼란한 세상의 "해 아래"에서 산다. "빠른 경주자들이라고 선착하는 것이 아니며 용사들이라고 전쟁에 승리하는 것이 아니며 지혜자들이라고 음식물을 얻는 것도 아니며 명철자들이라고 재물을 얻는 것도 아니며 지식인들이라고 은총을 입는 것이 아니니 이는 시기와 기회는 그들 모두에게 임함이니라"(전 9:11). 이 세상은, 아름답고 질서 잡힌 도시에 지진이 일어난 것과 같다. 이 혼란은 하나님이 죄인들에게 분노하신다는 사실을 보여 준다. 잘못된 일에 정당한 형벌이 임할 때, 악의 자멸하는 본성을 목격할 때, 죄가 만연한 세상의 도덕적 혼란을 한탄할 때 우리는 하나님의 정당한 분노를 볼 수 있다.

chapter / 12
질투하는 사랑

20세기 신학자들 사이에서 인기를 끈 말이 있다. 하나님의 진노는 다만 세상의 비인격적인 인과관계를 나타낸다는 말이다. 그들에 따르면 하나님은 분노하지 않으신다. 그냥 세상이 그렇게 돌아갈 뿐이다.

물론 나쁜 행동은 바람직하지 못한 결과를 낳는다. 하지만 성경은 훨씬 더 엄중하고 놀라운 내용을 가르친다. 하나님의 분노는 질투하는 연인의 격정적이고 인격적인 분노다.

신명기 서두에서 모세는 하나님의 백성의 이야기를 다시 들려준다. 4장에서 그는 참되신 하나님을 향한 사랑과 충성을 버리지 말라고 경고한다. "네 하나님 여호와는 **소멸하는 불**이시요 **질투하시는 하나님**"(24절)이기 **때문이다**. 하나님의 질투는 신부의 배타적인 충성을 간절히 바라는 남편, 아내를 다른 누구와도 공유하지 않는 남편의 질투다. 우리는 그런 사람에게 박수를 보낸다.

어떤 남편이 "당신 아내가 다른 남자와 잠자리를 같이 한 증거가 있어요."라는 말을 들었다. 그런데 그가 별일 아니라는 듯 "아, 그럴 수도 있죠. 괜찮아요."라고 답한다면 사람들은 경악할 것이다. 그는 아내를 사랑하지 않는다고 말이다. 반대로, 그가 격하게 질투하면서 분노한다면 우리는 이를 적절한 반응으로 여길 것이다. 그가 아내를 진심으로 사랑한다고 말이다. 하나님의 질투하는 사랑과 그 사랑이 배신당했을 때 하나님이 느끼시는 분노에는 인격적인 열기가 있다.

하나님이 자기 백성에게 온전한 충성을 요구하시는 것은 옳다. 이기적이어서가 아니라, 사랑이 크신 분이기 때문이다. 하나님의 분노와 거룩으로 타오르는 불은 그 사랑에 꼭 필요한 짝이다. 제 역할에 충실한 배우자가 결혼생활을 위협하는 사람에게 분노를 퍼붓듯이, 하나님도 부정을 저지른 신의 없는 이에게 타오르는 분노를 발하신다. 그분께 충실한 사랑만이 질서 정연하고 선한 세상을 만들 수 있기 때문이다.

이는 구약성경에서 확인되는 내용인 동시에 신약성경의 진리이기도 하다. 히브리서 저자는 "소멸하는 불"이라는 표현을 인용하는데, 이 말씀이 옛 언약만큼이나 새 언약 아래서도 진리이기 때문이다(히 12:29). 하나님은 과거와 현재와 미래에 늘 소멸하는 불이셔서, 죄에 반대하는 거룩한 격노를 발하신다.

요한계시록에는 **분노**(anger)라는 단어, 곧 '투모스'(*thumos*)와 '오르게'(orgē)가 함께 언급되며 분노를 강조하는 곳이 두 군데 있다. 16장 19절에 "그의 맹렬한(투모스) 진노(오르게)의 포도주 잔"이라는 표현이 나오고, 19장 15절에 "하나님 곧 전능하신 이의 맹렬한(투모스) 진노(오르게)의 포도주 틀을 밟겠고"라는 표현이 나온다. 이런 표현들은 실로 무시무시하다.

이 거룩하고 인격적인 격노를 경외하는 마음으로 우리는 그 앞에 서야 한다.

chapter / 13
더디지만 확실한 분노

하나님의 분노의 그다음 특징은 복합적이다. 하나님은 노하기를 더디 하시지만, 그렇다고 해서 불확실한 것이 아니다. 하나님의 분노는 더디지만 확실하다. 이 각 요소를 차례로 살펴보자.

1. 하나님은 노하기를 더디 하신다

인간의 수많은 분노와 달리, 하나님은 기다리신다. 화를 낼 때 우리는 본능적으로 분노를 전부(어쩌면 거기에다 추가로 조금 더) 쏟아낸다. 그것도 즉시 화를 터뜨린다. 그러나 하나님은 기다리신다. 이는 신약은 물론이고 구약에도 나타나는 놀라운 복음이다.

출애굽기 32장에서 모세가 시내산에 올라갔을 때 이스라엘 백성은 제멋대로 금 송아지를 만들고, 하나님께 등을 돌리고 방탕한 잔치를 벌인다. 하나님이 크게 분노하신 것도 당연하다. 언약의 돌이 깨지고 만다. 그러나 여호와께서는 출애굽기 34장에서 모세에게 언약의 돌판 둘을 새로이 다듬어 만들라고 말씀하신다(1절). 그다음 5절에서 결코 잊어서는 안 되는 장면이 나오는데 "여호와께서 구름 가운데에 강림하사 그[모세]와 함께 거기 서서 여호와의 이름을 선포하셨다"(곧 그분의 본성을 계시하셨다).

"여호와께서 그의 앞으로 지나시며 선포하시되 여호와라 여호와라 자비롭고 은혜롭고 노하기를 더디 하고 인자와 진실이 많은 하나님이라 인자를 천대까지 베풀며 악과 과실과 죄를 용서하리라"(6-7절).

이는 성경 전체에 울려 퍼지는 말씀이다. 아마도 성경에서 가장 많이 인용되는 말씀이 아닐까 싶다. 민수기 14장, 느헤미야 9장, 시편 86편, 103편, 145편, 요엘 2장, 요나 4장, 나훔 1장이 그렇다. 니느웨 사람들이 회개하여 하나님이 그들을 멸하지 않으시자 요나는 이렇게 한탄한다. "주께서는 은혜로우시며 자비로우시며 노하기를 더디하시며 인애가 크시사 뜻을 돌이켜 재앙을 내리지 아니하시는 하나님이신 줄을 내가 알았음이니이다"(욘 4:2). 요나는 여호와께서 노하기를 더디 하신다는 이유로 성을 냈다!

하나님은 분노하신다. 인간 정부를 통해, 좌절을 통해 그리고 우리를 무질서한 욕구와 도덕적 혼란에 내버려 두심으로써 그분의 화를 얼마쯤 드러내신다. 그러나 그 진노를 온전히 다 쏟아부을 때가 되기까지 기다리신다.

신약성경 몇몇 구절은 하나님의 분노가 '다가온다'고 묘사한다. 세례 요한은 "누가 너희를 가르쳐 **임박한** 진노를 피하라 하더냐"(마 3:7)고 묻는다. 하나님의 분노가 임박했지만 아직 도달하지는 않았다. 예수님은 우리를 "장래의 노하심에서" 건지신다(살전 1:10). 우리의 부도덕한 행위로 인해 하나님의 진노가 "임한다"(골 3:6; 참고. 엡 5:6). 하나님의 진노가 다가오고 있으며, 임박했고, 임할 것이다. 그러나 아직 오지는 않았다. 그분은 노하기를 더디 하시기 때문이다.

오래 참으시는 하나님은 우리에게 회개할 시간을 주려고 기다리신다. 주 예수님이 다시 오시면 최후의 심판이 있을 것이다. 그런데 왜 아직 그분은 오시지 않는가? "주의 약속은 어떤 이들이 더디다고 생각하는 것 같이 더딘 것이 아니라 오직 주께서는 너희를 대하여 오래 참으사 아무도 멸망하지 아니하고 다 회개하기에 이르기를 원하시느니라"(벧후 3:9).

이렇듯 하나님은 노하기를 더디 하신다. 하지만 이 더딤은 그 확실성에 아무 영향을 미치지 않는다.

2. 하나님의 분노는 확실하다

하나님은 노하기를 더디 하시지만, 무한정 기다리지는 않으신다. 하나님의 진노는 반드시 임한다. 하나님은 정당하게 분노하시고, 그 분노는 온전히 임할 것이다. 바울은 스스로 의롭다 하면서 완고하고 회개하지 않는 종교 지도자들에게 이렇게 편지한다. "다만 네 고집과 회개하지 아니한 마음을 따라 진노의 날 곧 하나님의 의로우신 심판이 나타나는 그 날에 임할 진노를 네게 쌓는도다"(롬 2:5; 참고. 8절). 하나님의 분노는 현재에도 나타나지만, 그 분노가 온전히 임하려면 마지막 날까지 기다려야 한다. 그런데도 어떤 사람들은 지금도 "자기들의 죄의 분량을 채운다"(살전 2:16, 새번역).

하나님의 분노는 그분의 인내라는 댐 뒤에서 수위를 높여 가는 홍수와 같다. 언젠가 댐은 무너져 내릴 것이다.

시편 2편은 다윗의 혈통이며 하나님이 세우신 왕께 무릎을 꿇으라고 경고한다. "그의 아들에게 입 맞추라." 왕께 굴복하고 존경하는 마음으로 입을 맞추라는 것이다. 이는 아주 중요하고 긴급한 일인데, "그렇지 아니하면 진노하심으로 너희가 길에서 망하리니 그의 진노가 급하기"(12절) 때문이다. "그의 진노가 급하심이라"라는 말씀은 무슨 뜻인가? 이것은 "노하기를 더디 하시며"라는 말씀과 반대가 아닌가? 그렇지 않다. 이 말씀은 하나님은 참을성 있게 기다리시지만, 심판하실 때가 이르면 그 심판이 급히 임한다는 뜻이다. "그분이 심판하실 때가 이르면······ 달래거나 연기하는 것과는 거리가 멀 것이다."[1]

우리는 그분의 오래 참으심을 이용해서는 안 된다. 심판이 임했

---

1) Derek Kidner, *Psalms 1-72: An Introduction and Commentary*, Tyndale Old Testament Commentaries (London: Inter-Varsity Press, 1973), 53.

을 때는 이미 너무 늦다. 너무 늦어서 그분의 마음을 풀어 드릴 수도, 심판을 연기해 달라고 요청할 수도, 회개할 수도, 도망갈 수도, 피할 수도 없다.

언젠가 하나님의 진노가 쏟아지고, 그 진노가 끝날 것이다. 요한계시록은 말한다. 마지막 재앙이 끝나면 "하나님의 진노가 이것으로 마치리로다"(계 15:1).

하나님은 분노하신다. 그분의 분노는 확연히 드러난다. 하지만 성내기를 더디 하신다. 갑자기 분통을 터뜨리지 않으신다. 기다리신다. 두 팔을 펴서 우리가 회개하기를 기다리며 지켜보신다. 그러나 언젠가는 너무 늦을 것이다.

chapter / 14
예수님은 언제 분노하셨나?

요한은 성자의 성육신에 대해 이렇게 말한다. "아버지의 품속에 계신 외아들이신 하나님께서 하나님을 알려 주셨다"(요 1:18, 새번역). 예수님의 삶과 죽음은 모든 면에서 아버지를 드러낸다. 그래서 예수님이 분노하실 때는 당연히 아버지의 분노를 드러내신다. 예수님의 분노는 옳다. 그분이 성내시는 이유는 정당하고, 자신의 분노를 정당하게 표현하신다.

벤저민 워필드(B. B. Warfield)는 감동적인 에세이 "우리 주님이 겪으신 감정들"(On the Emotional Life of Our Lord)에서 예수님의 분노에 대해 쓴다. 그는 도덕적이라는 것은 악에 반대하는 것이라고 지적한다.

> [따라서] 분노와 분개라는 감정은······ 도덕적 존재의 자기표현에 속하며, 악이 있는 곳에는 반드시 분노가 있어야 한다.[1]

---

1) B. B. Warfield, *The Person and Work of Christ*, Samuel G. Craig 편집 (Philadelphia: Presbyterian & Reformed, 1950), 107.

다시 말해, 어떤 존재가 도덕적이라면 그는 악한 일에 분노를 드러내야 마땅하다. 선을 사랑한다면 악을 향한 분노는 필연적인 결과다. 워필드의 말처럼 "예수님의 분노는 단순히 그분이 보여 주신 연민의 이면이 아니다. 예수님의 분노는 악에 맞선 그분의 윤리 의식에서 드러나는 정의로운 반응이다.…… 인간을 사랑하시는 그분은 인류에 잘못을 저지르는 모든 것에 불같은 증오를 느끼신다."[2]

예수님의 분노가 아버지의 분노를 가장 뚜렷하게 드러내는 세 가지 예시를 살펴보자.

1. 예수님은 완악한 마음에 분노하신다

마가복음 3장 1-5절을 보면, 예수님이 회당에 들어가시는데 거기 손 마른 사람이 있었다. 그 현장에 있던 사람 중 몇몇은 이 불쌍한 사람에게 연민을 품기는커녕, 이를 예수님께 덫을 놓을 기회로 여기고 그분이 안식일에 그 사람을 고치시는지 주시한다. 예수님은 이렇게 맞서신다. "그들의 마음이 완악함을 탄식하사 노하심으로 그들을 둘러 보시고"(5절).

예수님은 인간의 완악한 마음에 분노하시고 이 가련한 사내를 고쳐 주신다. 그분은 완악함 때문에 도움이 필요한 이에게 마음을 닫은 사람들에게 노하신다. 예수님의 분노는 고통받는 이 사람을 향한 사랑을 표현하는 데 꼭 필요했다.

---

2) Warfield, *Person and Work of Christ*, 122.

2. 예수님은 아버지의 명예를 공격하는 자들에게 분노하신다

요한복음 2장 13-17절을 보면, 예수님은 공생애 사역을 시작하실 무렵 성전을 깨끗하게 하신다. 예수님은 사역을 마치실 즈음에도 이와 비슷한 사건으로 세간의 이목을 크게 주목시키셨는데(참조. 마 21:12-16과 그 병행 본문), 지금 언급하는 사건은 그보다 규모가 작은 일화다.

요한이 기록한 사역 초기의 사건과 마태, 마가, 누가가 기록한 사역 말기의 사건 모두에서 예수님은 "내 아버지의 집"(요 2:16)을 다루는 그들의 태도에 분노하신다. 예수님은 "주의 전을 사모하는 열심이 나를 삼키리라"(17절)고 하셨는데, 후에 이스라엘 백성은 이 말씀에서 시편 69편을 떠올리게 된다.

여기, 아버지 하나님의 명예를 지키기 위해 열정적인 분노에 삼키운 남자가 있다. 아버지의 명예가 더럽혀질 때 그는 분노한다. 예수님의 명예가 더럽혀질 때 아버지께서 분노하시듯이 말이다. 이 분노는 자기중심적인 이기주의의 표현이 아니다. 예수님은 온 우주의 안녕이 창조주의 명예에 달려 있기에 분노하신다. 창조주가 존중받지 못할 때 만물이 어그러지기 때문이다.

예수님은 완악한 마음에 분노하시고, 하나님의 명예가 훼손될 때 분노하신다. 그리고 마지막으로 그분은 죄와 죽음을 보고 분노하신다.

3. 예수님은 죄와 죽음에 분노하신다

예수님은 요한복음 11장에서 두 차례, 나사로의 무덤 앞에서 분노하신다. "심령에 비통히 여기시고"(33절), "속으로 비통히 여기시며"(38절). 이 단어는 마가복음 14장 5절에서 제자들이 예수님께 향유를 부은 여자를 책망할 때 사용된 것과 같은 단어다. 곧 분노를 가리키는 단어인 것이다. 워필드는 이렇게 쓴다.

> 요한이 우리에게 말하는 바는…… 예수님이 걷잡을 수 없는 슬픔이 아닌, 억누르기 힘들 정도의 분노로 나사로의 무덤 가까이 가셨다는 것이다. 그분은 (주체할 수 없는 슬픔에 빠져서) 말없이 흘리는 연민의 눈물로 인간의 슬픔에 반응하셨다. "예수께서 눈물을 흘리시더라"(35절). 그때 그분의 가슴을 찢고 입 밖으로 터져 나온 감정은 정의로운 분노였다.[3]

예수님은 "심령에"(요 11:33), "속으로"(38절) 분노하셨다. 그 분노는 마지막 심판 때 쏟아부으실 분노에는 훨씬 못 미쳤는데, 마치 내면의 자제력으로 마음속에 꾹 눌러 둔 분노가 그분의 "전 존재에 엄청난 동요를 일으킨" 것과도 같았다. 그 동요가 눈물로 표출된 것이다.[4]

---

3) Warfield, *Person and Work of Christ*, 115.
4) Warfield, *Person and Work of Christ*, 116.

요한은 두 번이나 "비통히 여기시고"라는 강력한 표현을 반복한다. 예수님은 죽음을 미워하신다. 죽음을 세상에 불러온 죄를 미워하신다. 그분은 죽음과 죽음의 세력을 잡은 자, 곧 마귀(히 2:14)에 격노하신다. 죽음은 추하다. 자연스럽지 않다. 칼뱅(Calvin)의 묘사를 빌리자면, 죽음은 인류에게 "폭력적인 압제"를 행사한다. 그리고 주 예수님은 죽음에 불같이 진노하신다.

예수님이 분노하시는 대상은 죽음 그리고 그 배후에 있는 죽음의 세력을 잡은 자다. 예수님은 그를 멸하려고 세상에 오셨다(요일 3:8). 그분의 눈가에 연민의 눈물이 고였을지는 모르겠으나, 그것은 부수적이다. 예수님의 영혼은 분노에 사로잡혀 있다. 그리고 다시 한번 칼뱅의 표현을 빌리자면, '전투를 준비하는 승리자'의 태도로 무덤에 나아가신다.[5]

……요한은 (이 구체적인 진술에서) 우리를 위해 예수님의 마음을 드러내 보여 준다. 그분은 우리를 위해 구원을 획득하신다. 예수님은 냉정한 무관심이 아니라 원수에 대한 불타는 분노로 우리 편에 서신다. 그분은 우리를 억압하는 악에서 우리를 구하셨을 뿐 아니라, 우리를 불쌍히 여기시고, 억압받는 우리와 함께하셨다. 그리고 그런 감정들을 느끼면서 우리를 구속하셨다."[6]

---

5) Warfield, *Person and Work of Christ*, 117.
6) Warfield, *Person and Work of Christ*, 117.

워필드는 각주에서 존 허치슨(John Hutchison)을 인용한다. 예수님은 "'세상의 해골'을 응시하면서 온 구석구석에서 죽음의 통치를 추적하고 계셨다. 그분께 온 세상은 '사망의 음침한 골짜기'나 다름없었다. 그리고 그분 앞에 흘려진 눈물 가운데서 그분은 대양을 보셨다. '시간의 대양, 네 깊은 고뇌의 물이, 인간 눈물의 소금기로 짭짤하구나!'(퍼시 비시 셸리[Percy Bysshe Shelley]의 시)"[7]

예수님의 분노는 우리에게 아버지의 분노를 설명한다(알려 준다). 그분은 인간의 완악한 마음에 대한 분노, 하나님의 명예를 더럽힌 데 대한 분노, 죄와 죽음에 대한 분노를 통해 아버지의 분노를 보여 주신다.

---

7) Warfield, *Person and Work of Christ*, 117n60.

chapter / 15
하나님의 분노에 맡기라

하나님의 분노를 살펴본 2부의 결론부에 도달했다. 지금부터는 그동안 소홀히 여긴 성경의 진리에 우리가 어떻게 반응해야 하는지 질문하려 한다.

하나님은 예수님을 믿게 될 모든 이에 대한 그분의 진노를 그 아들 안에서 짊어지신다.

하나님의 분노에 대해 적절하게 반응하는 세 가지 방법을 제안하기 전에, 가장 특이한 복음의 진리에 주목했으면 한다. 요한계시록에 나오는 아주 이상한 표현, "어린양의 진노"라는 말을 한번 생각해 보자. 이 얼마나 낯설고 역설적인 비유적 표현인가! 진노한 어린양이라니? 그러면서도 매우 암시적이다. 하나님의 진노와 심판을 맡을 수 있는 유일한 인간은 죄인들을 위해 희생양으로 죽으신 분뿐이다. 그분은 자신에게 피할 (과거와 현재와 미래의) 모든 인간을 위해 스스로 의로운 분노를 떠맡으신다.

매슈 엘리엇이 지적하듯이[1] 놀랍게도 예수님은 자신을 배신하고 체포한 이들에게 분노하지 않으셨다. 그분은 자신을 고발한 이들에게 분노를 터뜨리지 않으셨고, 자신에 대해 거짓 증언하는 이들에게도 노하지 않으셨으며, 자신을 십자가에 못 박은 이들에게도 조금도 분을 보이지 않으셨다. 완악함, 아버지에 대한 모욕, 죄와 죽음에는 그토록 크게 분노하셨던 분이 도살장으로 끌려가는 양처럼 한마디 말없이 죽음을 향해 가셨다. 분노라고는 눈을 씻고 봐도 찾을 수 없었다. 역사상 십자가형을 받은 수많은 죄인 중에 분노의 저주를 내뱉지 않은 이는 그분이 유일할 것이다.

우리 죄를 지고 가시는 어린양 예수님은 무한한 사랑 가운데, 죄인들을 향한 삼위일체 하나님의 의로운 분노에 굴복하신다. 우리를 향한 하나님의 진노의 잔을 취하신다. 오직 그분만이 마지막 심판에서 실행될 하나님의 진노를 안전하게 맡으실 수 있다. 그러니 이 진노는 "어린양의 진노"이기도 하다. 어린양의 진노를 마주하기란 얼마나 무서운 일인가! 죄인들을 구원하려고 자신을 주신 분의 분노를 경험하는 것은 얼마나 끔찍한가! 내가 구원받을 유일한 기회를 져버렸다는 사실을 깨닫는 것은 얼마나 무시무시한 일인가!

2부의 요점은 하나님이 분노하시는 분이라는 사실을 인정하는 것이다. 하나님의 분노는 선하다. 그분의 분노는 완벽한 지식에 기

---

1) Matthew Elliott, *Faithful Feelings: Rethinking Emotion in the New Testament* (Grand Rapids, MI: Kregel, 2006), 216.

초하며, 악에 대해서만 분노를 발하신다. 그 분노는 완전히 공정하며, 그분은 분노를 미리 경고하신다. 하나님의 분노는 한결같이 선한 목적을 가지고 있다. 하나님의 분노는 분명하다. 인간 정부를 통해, 좌절된 악을 통해, 도덕적 혼란을 통해 분명히 드러난다. 하나님의 분노는 사랑 많은 연인의 격렬하고 인격적인 분노다. 하나님의 분노는 더디지만 확실하다. 하나님의 분노는 나사렛 예수님의 분노에서 드러난다. 하나님은 성자 예수님 안에서, 그 아들을 믿을 모든 사람에 대한 자신의 의로운 분노를 짊어지신다.

그러면 우리는 어떻게 반응해야 할까?

1. 올바르게 분노하는 법을 배우도록 힘쓰라

시편 기자는 "주의 율법을 버린 악인들로 말미암아 내가 맹렬한 분노에 사로잡혔나이다"(시 119:53)라고 말한다. 우리는 다른 어떤 이유가 아닌, 악으로 인해 분노하는 법을 배워야 한다. 우리는 옳은 일에 화내는 법을 배워야 한다. 3부에서는 예수님의 복음이 어떻게 우리의 불의한 분노를 재형성하는지 살펴볼 것이다. 우리의 목표는 분노를 완전히 없애는 것이 아님을 기억하라. 분노를 냉랭한 무관심으로 대체하려는 것은 잘못이다. 아주 잘못된 일이다!

우리는 예수님의 분노를 닮는 법을 배워야 한다. 완악한 마음에는 의로운 분노를, 하나님의 명예가 훼손될 때는 질투하는 분노를, 죄와 죽음에 대해서는 깊은 분노를 느껴야 한다.

모든 저항 운동이 부딪히는 한 가지 도전이 있는데, 바로 우리가 마땅히 분노해야 할 것들에 대해 사람들이 분노하게 만드는 것이다. 윌리엄 윌버포스(William Wilberforce)와 토머스 클라크슨(Thomas Clarkson)을 비롯한 노예제 폐지 운동가들은 노예제에 전혀 분노하지 않는 사람들에게 이것은 마땅히 분노할 일임을 설득하는 도전에 맞닥뜨렸다. 낙태 반대 운동이 당면한 도전은 임신 중절을 가볍게 여기는 사회로 하여금 여성의 선택권이라는 이름으로 행해지는 끔찍한 행위에 분노하도록 설득하는 것이다. 죽음, 포르노그래피 또는 성적 자유의 문화가 젊은이들에게 미치는 영향을 목격할 때 우리는 분노해야 한다.

문제는 분노하지 않아야 할 때 분노하는 것만이 아니다. 분노해야 할 때 분노하지 않는 것도 문제다.

2. 임박한 진노에서 벗어나라

둘째로, 우리는 많이 불편하더라도 우리가 문제의 일부라는 사실을 받아들여야 한다. 이것이 로마서 1장 마지막과 2장 시작 부분에 나오는 충격적인 논리다.

바울은 로마서 1장 18-32절에서 경건하지 못한 예배와 욕구를 폭로했는데, 나는 그 부분을 읽으며 무의식 중에 바울을 응원하고 있었다. 특히 그가 32절에서 절정에 도달했을 때 그랬다. "그들이 이 같은 일을 행하는 자는 사형에 해당한다고 하나님께서 정하심을 알고도 자기들만 행할 뿐 아니라 또한 그런 일을 행하는 자들을 옳다 하느니라."

나는 "아, 나는 아니야!"라고 소리치고 싶었다. "나는 그런 일에 절대 동의하지 않아. 당연히 반대한다고."

내가 이런 의로운 반감에 뿌듯함을 느끼려는 찰나, 바울은 2장 첫머리에서 내게 그물을 던졌다. "남을 판단하는 사람아"(1절). 나는 악한 행위에 반대해야 한다. 찬성해서는 안 된다. 반대하는 것이 옳다. 그러나 내가 악한 행위에 반대하는 순간, 나는 나 자신을 반대하는 것이 된다. 하나님이 나쁜 사람들에게 분노하셔야 옳다고 말하는 것은 하나님이 내게 분노하시는 것이 옳다고 말하는 셈이다. 하나님은 인자하시지만(4절), 나는 로마서 1장 끝부분에서 묘사된 악한 사람들과 마찬가지로 일일이 회개해야 한다. 마음속 깊은 곳에서는 나도 그들 중 하나이기 때문이다.

본질상 우리는 진노의 자녀요, 완전히 의로우신 하나님의 분노를 받아 마땅한 대상이다. 그러니 우리는 임박한 진노에서 벗어나 세상 죄를 지기 위해 돌아가신 어린양께 피해야 한다. 우리를 사랑하사 우리를 위하여 자기 자신을 버리신 하나님의 아들을 믿는 믿음 안에서 살아가야 한다(갈 2:20). "아들을 믿는 자에게는 영생이 있고 아들에게 순종하지 아니하는 자는 영생을 보지 못하고 도리어 하나님의 진노가 그 위에 머물러 있느니라"(요 3:36). 우리는 임박한 진노를 피해야 한다.

그러나 두 번째 반응과 함께 취해야 할 세 번째 반응이 있다.

3. 분노하시는 하나님을 인정하라

우리는 다시, 2부를 시작하면서 언급한 언뜻 보기에는 이해하기 힘든 이상한 표현으로 되돌아왔다. "하나님의 진노하심에 맡기라"(롬 12:19). 부당한 대우를 받았을 때 어떻게 분노하지 않을 수 있는가?

다른 신자들이 부당하게 대우받는 모습을 볼 때 내 마음속에는 자연스레 분노가 끓어오른다. 이 상황이 잘못되었다는 것을 마음속 깊이 느낀다. 그리고 그런 느낌은 옳은 것 같다. 그래서 자연스럽게 복수심을 품게 된다. 그대로 갚아 주고 싶다. 내 분노를 쏟아붓고 싶다. 바울은 구약성경을 인용하여 이렇게 말한다. "내 사랑하는 자들아 너희가 친히 원수를 갚지 말고 하나님의 진노하심에 맡기라 기록되었으되 원수 갚는 것이 내게 있으니 내가 갚으리라고 주께서 말씀하시니라"(롬 12:19에서 신 32:35을 인용).

복수하려면 무덤을 두 개 파야 한다(라고 옛 속담은 말한다). 하나는 복수할 대상을 위해, 하나는 나를 위해 말이다. 그러고 나서 괴로움에 사로잡혀 후회한다. 나의 분노는 어느 정도 정당화될 수 있을지언정 절대 의롭지 못할 것이다. 나는 늘 너무 쉽게 불같이 화를 내고, 온전하지 못한 지식에 따라 행동하며, 과민하게 반응하고, 도에 지나치거나 이기적인 욕구에 따라 움직일 것이다.

우리가 복수와 완벽한 사랑의 심판을 맡길 수 있는 분은 한 분뿐이다. 그분은 말씀하신다. "원수 갚는 것이 내게 있다. 너희가 아니다. 내가 갚을 것이다. 너희는 내게 심판을 맡겨야 한다. 내가 보고 있다. 알고 있고, 듣고 있다. 내가 모든 잘못을 바로잡을 것이다. 나를 믿으라."

분노하시는 하나님이 계시지 않는다면, 인간의 분노를 치료할 방법도 없을 것이다.

PART / 3

자신의 분노를 점검하라
: 분노를 해결하는 첫걸음

하나님의 분노에 대한 고찰은 우리를 어디로 인도하는가? 그 고찰은 우리의 분노에서 경건하지 못한 요소를 제거하고, 그 대신 더욱 경건한 분노를 기르는 데 도움이 되는가? 4부에서 더 구체적인 예들을 살펴보기 전에, 3부에서 우리가 가려는 대략적인 방향을 미리 살펴보면 도움이 될 것이다.

chapter / 16

하나님의 분노와 어떻게 다른가?
: 지적인 차원에서

인간의 분노와 여호와의 분노가 충돌하는 여러 경우 중에 일부를 살펴보면 도움이 될 때가 많다. 하나님은 "순전하시고" 우리는 그렇지 않은데, 이는 인간의 분노가 잘못되는 이유 중 하나다. 하나님의 분노는 그분 성품의 모든 부분을 동시에 표현한다. 앞서 보았듯이, 하나님의 분노는 거룩함의 표현인 동시에 사랑의 표현이기도 하다. 그분의 분노는 늘 선하다.

하지만 우리는 경우가 다르다. 화를 내는 사람이 당신 말에 귀기울이게 만들 수만 있다면(절대 만만한 일이 아니다), 그들의 분노와 하나님의 분노가 어떻게 다른지 설득하는 데 그리 많은 시간이 걸리지 않을 것이다. 상대로 하여금 자신의 분노가 부적절하고 불완전한 지식에 근거한다는 점을 보도록 돕는 것이 좋은 출발점이다. 하나님과 달리, 우리는 (아무리 다 아는 척하더라도) 전지하지 않다. 이런 질문들을 던져 보자.

신호도 없이 갑작스레 끼어든 차량에 불같이 화를 내기 전에, 잠깐 멈춰서 당신이 미처 알지 못하는 사정이 있을지도 모른다고 생각해 보자. 운전자의 아내가 조산기가 있어서 급히 산부인과 수술실로 향하는 길이었다면? 더군다나 태아의 생명이 불확실한 상태라면? 혹은 그 차에 탄 부부가 아들이 중환자실에 있다는 전화를 받고 달려가는 길이었다면? 당신이 이 모든 사연을 알았다면 주먹을 휘두르고 경적을 울리는 대신에 조용히 길을 터 주었을 것이다. 그들이 제시간에 병원에 도착해 사랑하는 가족이 살아 있는 모습을 확인하게 되기를 간절히 바라면서 말이다.

하지만 옆에서 위험하게 끼어든 차를 피하는 동안, 그런 사정을 알 리 없다. 어떻게 알겠는가? 당신은 하나님이 아닌데 말이다.

이런 일은 날마다 수백 번씩 반복된다. 왜 저 동료는 내 이메일에 답하지 않는가? 왜 우리 아이는 학교가 끝났는데도 집에 오지 않는가? 왜 이 친구는 주말 봉사에 오지 않는가? 그 이유가 당신의 짐작 대로 그들이 무례해서가 아니라면 어떻겠는가? 이들의 행동 배후에 다른 이유가 숨어 있고, 당신이 그 이유를 알게 된다면? 이해가 충분히 되고 타당하게 여길 만한 그런 이유가 있다면 말이다.

우리는 **늘** 모든 사실을 완벽히 다 알고 살지는 못한다. 우리가 모르는 일은 **늘** 있다. 우리는 하나님이 아니기 때문이다.

우리가 다 알지 못하는 것은 현재만이 아니다. 과거에 대한 지식도 마찬가지다. 무슨 수로 그 모두를 알 수 있겠는가? 어떤 자매에게 교회에서 특정한 역할을 맡아 달라고 부탁했는데 그녀가 마지막 순간에 빠지기로 했다면 어떻겠는가? 당신은 그 이유를 확실히 알 수 있겠는가? 그녀의 어머니가 그와 비슷한 봉사를 하다가 세상을 떠나셨다면? 그런 사정을 안다면, 마지막 순간에 봉사에서 빠지기로 한 그녀의 결정을 조금은 다른 시각으로 보게 되지 않을까? 그 자매를 게으른 교인으로 여기고 짜증을 느끼기보다는, 그녀의 고통과 슬픔을 볼 수 있지 않을까?

물론, 타인의 현 반응에 영향을 미친 수많은 과거 사건을 전부 알 수는 없다. 도통 연락이 안 되는 사람이 있는데, 알고 보니 파혼당한 경험으로 관계를 두려워하게 되었다면, 그의 성향이 조금은 이해가 될 것이다. 오빠에게 학대받은 사람은 성적 친밀감에 대해 혼란하고 복잡한 감정을 품기 마련이어서, 그녀의 신혼 첫날밤이 엉망진창이 된 것도 이해가 간다. 어릴 때 버림받은 경험이 있는 사람이 자녀를 과잉보호한다면, 그럴 만도 하다고 생각할 것이다.

우리는 어떤 사람의 과거를 알고 난 후, 이전에 그에게 분노한 일에 진심으로 당황할 때가 있다. 최악의 상황을 가정하고 그에게 함부로 말한 것에 부끄러움을 느낀다. 하지만 그런 모든 경우에, 우리는 무지하여 회개하지 않고 계속해서 짜증과 화를 낼 때가 수없이 많을 것이다.

때로는 그가 그럴 수밖에 없는 이유가 손쉽게 전달될 만큼 구체적이지 않아서 우리에게 드러나지 않는다. 때로는 그런 정보를 알

만큼 충분히 친한 사이가 아니다. 때로는 우리가 너무 화를 내고 비판적이어서 상대가 솔직하게 털어놓을 엄두를 못 내기도 한다. 따라서 자신의 한계를 받아들이고, 더 겸손하며, 자신이 모르는 게 많아서 적절하게 행동하지 못할 때가 많다고 인정할 필요가 있다. 또한 늘 최악의 상황을 가정하기보다는 가능한 한 다른 사람들을 좋게 생각하고, 상대방의 짜증스러운 행동 배후에는 온갖 종류의 사정, 곧 우리가 하나님이 아니기에 볼 수 없는 문제들이 있음을 인식하는 것이 필요하다.

물론, 그렇다고 해서 우리를 실망시킨 사람들을 추적하기를 그만둘 것은 아니다. 비합리적인 방식으로 말하거나 행동하는 사람들을 계속 살펴야 한다. 하지만 그들을 무조건 고발하기보다는 질문을 던져서 그렇게 해야 한다. "제가 이해할 수 있게 도와주시겠어요?"라는 말은 우리의 화를 돋우는 누군가와 대화를 시작하는 좋은 방법이다.

chapter / 17
진짜 문제가 무엇인가?
: 양육의 예

자신의 분노에 대해 차분히 알아보면, 짜증이나 분노를 유발하는 원인을 아는 데 도움이 된다. 화내는 속도를 줄이고 자기 내면을 살펴보자. 이번 장에서는 부모 자녀 관계를 구체적인 예시로 들 텐데, 우리는 부모 자녀 관계에서 분노를 매우 자주 목격할 수 있다.

부모 자녀 관계를 살펴보는 것은 좋은 사례 연구가 된다. 세상에는 부모가 아닌 사람도 있지만 부모가 없는 사람은 없고, 그래서 부모 자녀 관계가 작동하는 상황이 자주 발생하기 때문이다. 여기서 알게 될 내용의 일부는 부모 자녀 관계에서 생기는 분노에만 해당되겠지만, 대부분은 훨씬 더 폭넓은 관계에 적용된다.

아이들은 부모 마음에 분노를 불러일으키는 특별한 재주가 있다. 자녀의 도발은 특히나 강하게 다가오고, 그에 대한 부모의 분노도 특히나 강하다. 왜 그럴까? 이상한 일이다. 직장에서도 매우 도전적인 상황이 많지만 대체로 합리성과 침착성을 잃지 않는다. 그런데 우리 집 현관문에 발을 내딛는 순간, 마치 분노 대마왕으로 변하는 것만 같다. 갑자기 일촉즉발의 위기가 온다. 아이들이 조금만 무례한 기미를 보여도 분노를 터뜨릴 준비가 되어 있다. 눈을 살짝 굴리기만 해도, 폭포수 같은 분노가 쏟아진다.

　이것을 어떻게 설명할 수 있을까? 왜 부모들이 느끼는 분노는 그 원인에 비해 지나칠 때가 많을까? 물론 거기에는 여러 가지 이유가 있고, 그중에는 특정한 가정에만 제한된 원인도 있을 것이다. 그러나 더 많은 공통 요인이 작동하는데, 그 요인들은 다른 분노에 비해 부모들의 분노가 특별히 큰 이유를 설명해 준다.

부모의 분노 배후에 있는 네 가지 요인

　먼저, 부모가 느끼는 미래에 대한 두려움을 생각해 보자. 스티브 마틴(Steve Martin)이 출연한 한 영화에 웃기는 장면이 등장한다. 늘 그렇듯, 그는 지나치게 걱정이 많은 신경증 환자를 연기하는데, 이 영화에서는 부모 역할을 잘하고 있는지 초조해하는 사람으로 등장한다. 그는 상상 속에서 영광스러운 순간과 끔찍한 순간을 반복한다. 한 장면에서 그는 아들의 대학 졸업식에 참석한다. 최고 우등상을 받은 아들은 수상 소감에서 자기 인생에 가장 큰 영향을 끼친 인물로 아버지를 언급한다. 아들은 자신이 오늘날 이룬 모든 성취는 아버지의 인내심과 신실함과 사랑의 보살핌 덕분이라고 말한다. 스티브 마틴이 연기한 인물은 겸손한 손짓을 하며 자리에서 일어나 졸업식에 모인 청중에게서 따뜻한 박수를 받는다.

그런데 바로 그 즉시, 다른 상상이 떠오르기 시작한다. 또다시 배경은 아들의 졸업식장이다. 하지만 이번에는 아들이 상을 받는 대신, 건물 옥상에서 총을 들고 친구들을 겨냥하고 있다. 경찰 특공대가 몰려오자, 아들은 어린 시절 자신에게 정신적 외상을 안겨준 (하지만 아주 사소한) 사건들을 떠올리면서 소리를 질러 댄다. 현재의 망가진 자존감을 어린 시절 탓으로 돌리는 것이다. 이번에 스티브 마틴이 연기한 인물은 이런 엄청난 피해를 불러온 양육 실패에 대한 죄책감과 자책감에 사로잡힌다.

두 장면 모두 웃긴 방식으로 연출되었지만(요즘에는 총기 난사 사건을 웃긴 장면에 사용할 사람은 없을 것이다), 너무나 현실적이기는 마찬가지다. 부모들은 자녀의 미래에 책임을 **느끼기에** 진심으로 **염려한다**. 그런 책임감은 부모들의 분노와 직결된다.

부모의 상상 속에서, 설거지를 돕지 않는 자녀는 직장 생활을 지속하지 못하는 어른이 된다. 소풍에 가기 싫어하는 아이는 사회적 고립에 빠져서 친밀한 관계를 맺지 못할 것이다. 방 청소를 제대로 하지 않거나 단답형으로 말하는 아이는 사회적, 경제적, 심리적 실패를 겪을 것이다. 그럴 때 부모들은 자신에게 책임이 있다고 여긴다. 그런 상황에서는 부모가 최종적이고 거의 독점적인 힘을 발휘한다고 믿는다. 부모의 역량이 자녀의 미래를 결정한다고 믿는다.

다시 말해, 현 상황을 바꾸기 위해 부모가 지금 행동하지 않으면 자녀의 미래가 불행해진다는 뜻이다. 부모가 자녀의 사회적 무능력을 고쳐 주어야 한다. 무기력 상태를 극복하게끔 해야 한다. 학문에 대한 흥미를 자극해야 한다. 부모가 이렇게 해야 하는 이유는 자녀의 미래가 부모 손에 달렸기 때문이다. 사태의 심각성을 전혀 모르는 듯한 자녀의 모습은 부모를 더 분노하게 만들 뿐이다.

미래에 대한 이런 두려움은 부모들의 두 번째 관심사, 곧 통제에 대한 욕구와 밀접하게 연결된다. 자녀의 미래가 부모에게 중요하고, 그 미래가 온전히 부모의 손안에 있다고 믿기 때문에 자녀가 부모의 계획에 복종하는 것이 중요하다. 그래서 자녀를 순종적이고, 공부 잘하고, 예의 바르고, 활동적이고, 가정적이고, 얌전한 옷차림을 하고, 그 학원을 다니고, 그 악기를 연습하고, 부모가 최선이라고 생각하는 사람이 되게끔 만들어야 한다. 부모는 **반드시** 이렇게 해야 하는데, 모든 것이 부모에게 달려 있고, 부모가 가장 잘 안다고 확신하기 때문이다.

그러니 당연하게도, 통제권을 두고 전쟁이 벌어진다. 부모들은 자신의 목적을 달성해야 한다는 부담을 강하게 느낀다. 자녀들은 스스로 성장하고 조금씩 더 독립할 수 있도록 허용해 주기를 원한다. 하지만 자기 방식대로 해야 자녀에게 건강한 미래를 줄 수 있다고 확신하는 부모들은 통제를 포기하지 않을 것이다. 그래서 자녀들이 부모가 생각하는 최상의 계획을 거부할 때 부모는 화를 내게 된다. 이런 거부는 잠자기 싫어하는 갓난아기 때부터 시작해 밥을 먹지 않으려는 유아, 사과하지 않으려는 어린이, 존경심을 보이지 않는 십 대까지 이어진다. 이 각각의 거부가 부모에게 뚜껑이 열릴 정도로 강력한 분노를 유발하는 이유는, 그것이 미치는 영향이 엄청나다고 철석같이 믿기 때문이다.

그러나 부모들이 이토록 분노하는 이유는 단지 그들이 도덕적인 잘못을 바로잡는 데 경건하게 헌신해서가 아니다. 마음속에는 훨씬 더 심각(하고 훨씬 덜 경건)한 이유가 있다. 부모들이 남의 자녀에게 어떻게 달리 반응하는지 주목하면 분명히 알 수 있다. 우리는 **아이들**이 아무 데나 쓰레기를 버리는 것에 반대하는데, **내 아이**가 그렇게 할 때는 불같이 화를 낸다. 특히나 공공장소에서는 더 그렇다. 짜증 내는 아이를 집에서 대할 때와 쇼핑몰에서 대할 때는 매우 다르다. (실제로 아이들은 그 점을 간파하고 자신에게 유리하게 이용하는 듯하다. 큰 소란을 막기 위해 꼭 필요하지 않은 물건을 사 주는 부모들을 보라.) 남들 보는 데서 부모에게 불순종하는 것은 특별히 부모의 분노를 불러일으킨다. "어떻게 엄마한테 그렇게 말할 수 있니. 집에 가기만 해 봐!"

공공장소에서 대놓고 반항하는 자녀는 분노를 촉진하는 강력한 요인이다. 왜 그럴까? 적어도 한 가지 이유는 아이들이 유발하는 수치심 때문이다. 혹은 달리 표현하자면, 부모의 명성에 먹칠하는 능력 때문이다. 남들이 자신을 경건하고 좋은 부모로 봐 주기 원하는데, 부모 말을 듣지 않는 아이들은 그런 노력을 깎아내린다. 이 사실은 부모가 화를 내는 진짜 이유가 우주의 도덕 질서를 유지하려는 관심이나 아이들의 건강한 발달에 대한 관심이 아니라는 점을 암시한다! 부모가 화내는 이유는 남들 눈에 바보처럼 비춰졌기 때문이다. 남들이 자신을 무능한 부모로 본다고 느끼고, 이런 수치심 때문에 (그리고 마땅히 화낼 대상이 따로 없기에) 아이들에게 화를 낸다.

우리는 내심 훌륭한 사람(훌륭한 부모도 포함된다)이 되어야 한다고 믿는다. 그래서 스스로 주장하는 훌륭함이 겉치레에 불과하다는 사실을 들키기 싫어한다. 그렇게 싫은 마음이 분노로 나타난다.

마지막으로 부모의 분노에서 살펴볼 요소는 부모의 가치관 또는 자존감이다. 자신이 부모 역할을 얼마나 잘했느냐로 개인의 가치를 평가할 때마다 우리는 매우 위험한 영역에 있게 된다. 그러면 자녀 교육에서 실패했다고 생각되는 경우마다 엄청난 문제가 되기 때문이다. 고집 센 아이는 단순히 일시적인 어려움에 그치지 않는다. 우리의 궁극적인 자존감에 위협이 된다. 부모 역할로 자신의 가치를 측정한다면, 버릇없는 아이들은 우리의 존재 전부를 망가뜨리는 셈이다. 그러니 아이들에게 화를 내는 것이 당연하다. "너희들이 어떻게 내게 이럴 수 있니?" 이렇듯 자녀에 대한 분노는 우리의 마음을 드러낸다.

지금까지 부모의 분노를 불러오는 네 가지 요소를 살펴보았다. 미래에 대한 두려움과 통제하고 싶은 욕구와 자신의 명성에 대한 관심 그리고 자신의 자존감에 대한 위협이다. 이런 실마리들을 어떻게 하나로 엮을 수 있을까? 여기서 어떤 공통된 주제를 찾을 수 있을까?

하나님이 되고자 하는 숨은 욕구

우리의 핵심 전제로 다시 돌아가 보자. 분노의 핵심을 들여다볼 때마다 우리는 하나님이 되려는 욕구를 발견하게 된다.

잠시 생각해 보자. 정말로 미래를 결정하는 사람은 누구인가? 완전하고 절대적인 통제권을 가진 이는 누구인가? 진정 훌륭하고 영예롭고 모든 칭찬을 받아 마땅한 이는 누구인가? 이 모두에 해당하는 존재는 하나님밖에 없다. 하나님이 우리가 사는 세상을 온전히 통제하신다. 그분의 뜻은 아무도 거부할 수 없고, 거부해서도 안 된다. 하나님의 통치는 흠 하나 없이 너무나 훌륭하고, 그분의 탁월함은 영원히 칭송받아야 하며, 그분은 모든 찬양을 받기에 부족함이 없으시다.

그러나 죄 가운데 있는 우리는 그분을 거부한다. 하나님의 자비로운 통치에 복종하고 그분의 뜻에 맞추어 자신의 뜻을 굽히는 대신, 그분의 반대편에 선다. 그분의 뜻이 아니라 자신의 뜻, 그분의 통치가 아니라 자신의 통치를 원한다. 나만의 작은 왕국을 세우고, 거기서 전횡과 독재를 일삼는 통치자가 된다.

절대 통치에 대한 이런 욕구가 가장 잘 드러나는 곳 가운데 하나가 가정이다. 우리는 부모로서 주님의 보살핌을 본받기보다 그 보살핌을 대체하려 한다. 하나님이 부모에게 맡기신 위임된 권위를 행사하기보다 신처럼 절대 권력을 휘두르려 한다. 그럴 때 우리는 도를 넘는다. 인간 부모는 미래를 통제할 수 없다. "내일 일을 너희가 알지 못하는도다"(약 4:14). 우리가 어떻게 자녀의 미래를 통제하기는커녕 예측이라도 할 수 있단 말인가? 만사를 통제하는 분은 하나님이시다.

잠언 21장 1절은 "왕의 마음이 여호와의 손에 있음이 마치 봇물과 같아서 그가 임의로 인도하시느니라"라고 말한다. 하나님은 왕의 마음까지도 손쉽게 조정하실 수 있지만, 인간은 다르다. 인간은 절대로 그런 통제력을 행사할 수 없다. 바울은 데살로니가 교인들에게 보낸 편지에서 이렇게 기도한다. "주께서 너희 마음을 인도하여 하나님의 사랑과 그리스도의 인내에 들어가게 하시기를 원하노라"(살후 3:5). 주님께는 이런 일들이 가능하지만, 우리는 불가능하다. 우리는 자녀의 마음을 통제할 수 없다.

하나님은 현재에 절대적인 통제권을 행사하시는 동시에, 미래에 어떤 일이 생길지도 확실히 아신다. 물론 우리는 아니다. 만약 그럴 수 있다고 가장한다면(우리에게 하나님께만 있는 권력과 권위가 있는 척한다면), 우리는 하나님의 세상에서 하나님이 없는 것처럼 사는 셈이다. 우리는 하나님께만 속한 지위를 주장하며 모든 죄 가운데 가장 큰 죄에 발을 들여놓았다. 그리고 분노는 우리의 실수를 보여 주는 한 가지 핵심 표지다.

물론 그렇다고 해서 우리가 수동적인 부모가 되어야 한다는 뜻은 아니다. 훈육이나 자녀를 훈계하는 일을 그만두라는 말도 아니다. 다만 하나님을 경외하는 마음으로 그렇게 하라는 뜻이다.

신약성경에서 인간의 권위를 인정할 때는 항상 하나님의 더 크신 권위 아래서 인정한다. 베드로전서 5장은 교회 지도자들에게 "양 무리를 치되"(2절) 지배하려 하지 말라고 권면한다. 지도자는 하나님의 능하신 손 아래서 겸손해야 한다(6절). 경건한 지도자는 권위를 주장하기 전에 자신이 권위 아래 있음을 아는 사람이다.

고용주들도 똑같은 사실을 명심해야 한다. 고용주들은 그 직원에게 "위협을 그치라 이는 그들과 너희의 상전이 하늘에 계시고 그에게는 사람을 외모로 취하는 일이 없는 줄 너희가 앎이라"(엡 6:9). 또한 바울은 아버지들에게 "너희 자녀를 노엽게 하지 말고 오직 주의 교훈과 훈계로 양육하라"(4절)라고 말한다. 인간의 권위는, 하나님께만 속한 훨씬 더 중요한 권위에 연결되어 있다.

예수님도 제자들에게 똑같이 말씀하신다. "이방인의 집권자들이 그들을 임의로 주관하고 그 고관들이 그들에게 권세를 부리는 줄을 너희가 알거니와 너희 중에는 그렇지 않을지니 너희 중에 누구든지 크고자 하는 자는 너희를 섬기는 자가 되고"(막 10:42-43).

그리스도인들이 권위를 맡았을 때는 주님이 그들에게 가지신 더 큰 권위를 항상 기억해야 한다. 또한 그리스도께서 우리를 위해 본을 보이신 종의 마음으로 그 권위를 사용해야 한다. 겸손이 그 특징이다. 바울은 "아무 일에든지 다툼이나 허영으로 하지 말고 오직 겸손한 마음으로 각각 자기보다 남을 낫게 여기고"(빌 2:3)라고 말한다. 겸손은 분노를 가라앉힌다. 겸손한 사람은 하나님과 똑같이 되려(더 심각하게는 그분을 대신하려) 하지 않기 때문이다.

chapter / 18
분노에 가려진 감정을 파헤치라

지금까지 분노를 해결하는 과정에서 밟아야 할 초기 단계를 살펴보았다. 먼저, 지적인 차원에서 하나님의 분노와 인간의 분노가 어떻게 다른지 살펴보았다. 하나님은 전지하시고 인간은 그렇지 못하다. 하나님의 분노가 정확하고 적절하다면 인간의 분노는 그와는 거리가 멀다. 인간의 본성은 유한하기에 적절하게 분노하는 데 필요한 모든 지식을 절대로 소유할 수 없다. 겉으로는 아무리 다 아는 체를 한다 하더라도 말이다.

이어서 숨은 문제들이 어떻게 우리의 분노를 형성하는지도 살펴보았다. 이를 위해 부모의 분노라는 특정한 사례를 들여다보고, 하나님을 대체하려는 죄악된 동기가 어떻게 작용하고 있는지를 함께 살펴보았다.

3부의 마지막 장에서는 분노와 함께, 혹은 분노의 배후에서 작용하는 또 다른 감정들에 주목해 보려 한다. 예를 들어, 우리가 얼마나 자주 분노의 경험을 즐기는지부터 주목할 수 있다. 분노는 우리에게 힘을 주어서 위협이나 난관에 대처하게 한다. 우리는 분노하면서 우리를 괴롭히는 사람에게 저항할 힘이나 어떤 캠페인을 시작할 결단력을 얻는다. 분노할 때 우리는 자신의 약함을 느끼기보다 불의에 맞서 용기 있게 행동할 힘을 얻는다.

분노도 두려움과 마찬가지로 원초적인 감정이다. 우리는 위협을 당하면 얼어붙거나, 전형적인 대안(싸우거나 피하거나) 중 한 가지로 반응한다. 그런 의미에서 분노는 매우 기본적인 감정으로, 인간의 다른 감정들과 달리 동물과도 공유하는 감정이다. 고양이가 수치심을 느낀다고 주장하기는 곤란하겠지만, 고양이도 화를 낸다는 것쯤은 누구나 안다.

분노는 이처럼 기본적인 감정이요 우리에게 활력을 줄 수 있기에 상대적으로 빠져들기 쉽다. 화를 내거나 분노를 표현하는 데 별다른 노력이 필요 없는 사람들도 있다. 분노는 항상 근처에 도사리고 있어서 금세라도 튀어나올 수 있다. 이런 특징 때문에 분노는, 확인하고 표현하기가 훨씬 더 힘든 다른 복잡한 감정들과는 다르다. 이번 장에서는 이처럼 훨씬 더 복잡한 감정들을 일부 살펴볼 것이다. 그 첫 번째로 분노와 가까운 친구, 곧 두려움이라는 감정을 살펴보자.

1. 두려움

비명과 포효는 한 끗 차이다. 어떤 남편이 별 뜻 없는 장난으로 어둑한 곳에 숨어 있다가 갑자기 아내 앞에 튀어나와 깜짝 놀라게 했다. 유감스럽게도 아내는 무서워서 뒷걸음질을 치기보다 무의식적으로 앞으로 뛰어들면서 공격했다. 남편은 타박상을 입고 아내는 사과해야 했다. (남편이 타박상을 입고 사과도 하는 편이 더 적절했겠지만 말이다!) '싸우거나 피하거나'라는 개념은 오해의 소지가 있다. 대개 둘이 섞여 있을 때가 더 많기 때문이다. 우리는 무서워서 공격한다. 분노 중에도 두려움은 남아 있다. 일시적으로 숨었을 뿐이다.

우리는 앞에서 두려움과 분노가 결합된 몇몇 예를 성경에서 확인했다. 사울은 이제 막 등장한 어린 다윗에게 자기 왕국을 빼앗길까 두려워 "마치 미친 사람처럼 소리를 질렀다"(삼상 18:10, 현대인의성경). 산발랏은 예루살렘 공격이 실패할까 두려워서 크게 분노했다(느 4:1). 헤롯은 새 왕이 나타났다는 소식에 두려움을 느끼고, 동방박사들이 자신을 속이자 심히 노했다(마 2:16).

그렇다면 우리가 화를 낼 때 자신(과 다른 사람들)에게 던져야 할 한 가지 핵심 질문은 두려움을 느끼는지 여부다. 두려움은 분노와 마찬가지로 원초적인 감정이지만 인정하기가 더 힘들 수 있다. 분노하면 스스로 강하다는 느낌을 갖기 쉽지만, 두려움을 인정하면 대개는 약하다는 느낌을 갖기 때문이다. 그래서 자신의 두려움을 인정할 준비가 되려면 약간의 설득이 필요하다.

밤늦게 귀가한 아내에게 화를 내는 남편이나 인도를 벗어난 아이에게 화를 내는 부모를 떠올려 보자. 이들이 내뱉는 날카로운 표현 뒤에는 무엇이 있을까? 아마도 두려움일 것이다. 부모는 자녀가 차에 치일까 봐 두려워한다. 남편은 아내가 끔찍한 사고를 당해 늦을지도 모른다는 생각에 두렵다. 그런데 사람들은 그 두려움을 드러내기보다는 분노를 표현한다. 두려움을 인정하면 자신의 약함을 대면할 수밖에 없지만, 분노를 표현하면 스스로 강해지는 느낌이 들기 때문이다. 그래서 우리는 쉽게 분노에 빠지고는 한다.

그러나 관계를 갈라놓고 망가뜨리는 분노에 비해 두려움은 훨씬 더 건설적일 수 있다. 아내의 늦은 귀가에 화가 난 남편이 자신의 두려움을 기꺼이 드러낸다면 아내에게 비난과 불평을 쏟아내지 않을 것이다. 오히려 집에 돌아온 아내는 남편이 자신을 얼마나 사랑하며, 그래서 아내를 잃을지도 모른다는 생각에 안절부절못했는지 알게 될 것이다.

우리가 두려움을 인정할 때 유익을 얻는 부분은 수평적인 관계만이 아니다. 우리와 하나님의 수직적인 관계도 마찬가지다. 자신의 두려움을 기꺼이 인정하면, 하나님께 그 두려움을 말씀드리고 그 두려움 가운데 하나님이 말씀하시는 수많은 방식에 귀 기울일 수 있다.

우리는 혼자라는 생각에 두려워한다. 아무도 우리에게 관심이 없으며, 아무도 우리를 도와주지 않는다고, 아무도 우리를 보살피지 않는다고 속단한다. 마치 우리를 돌보시는 하늘 아버지가 계시지 않는다는 듯 고아처럼 살아간다. 그래서 두려움을 인정하지 않고 분노를 표현하게 된다. 내가 혼자라면, 위협에 맞서 나를 방어해 줄 사람이 나밖에 없다면, 모든 사람이 나를 적대시한다면, 나는 싸울 수밖에 없다. 싸움 이외의 방법을 취하기에 세상은 너무 두려운 곳이다. 이런 상황에 개입할 만한 강력한 존재가 없다면, 나는 나 자신을 의지할 수밖에 없다.

하지만 이런 두려움에 대한 해결책은 기억하는 것, 곧 주님의 주권적인 돌보심을 마음속에 되새기는 것이다. 공중의 까마귀를 먹이고 백합화를 입히는 하나님이 계시며, 이 하나님이 나 또한 돌보신다는 사실을 잊지 말아야 한다(마 6:25-34). 우리의 두려움과 그 뒤에 숨은 분노는 우리를 격상시켜 하나님을 가릴 때 발생한다. 하지만 우리가 하나님의 성품을 기억하고 그분과 우리의 자리를 바로잡을 때 두려움과 분노는 가라앉을 것이다.

하지만 앞선 예시에서 남편이 느낄지도 모르는 감정은 두려움만이 아니다. 그의 두려움이 정당하며, 아내에게 어떤 위험이나 위협이 정말로 있다고 가정해 보자. 하지만 아무 정보가 없는 상황에서 그가 무엇을 할 수 있겠는가? 그는 아내를 사랑하는 마음으로 무슨 일이든 하고 싶고 아내를 보호하고 싶지만, 어떻게 행동해야 할지 결정하는 데 필요한 정보가 부족하다. 그래서 그는 분노만 느끼는 것이 아니다. 그의 분노 배후에는 다른 감정도 도사리고 있는

데, 바로 좌절이다. 지금부터는 그 감정을 살펴보려 한다.

2. 좌절

앞에 성경을 살피면서 좌절이 분노를 일으키는 몇 가지 예를 찾아보았다. 아합왕은 나봇의 포도원을 손에 넣으려는 시도가 좌절되자 "근심하고 답답했다"(왕상 21:4). 느부갓네살은 자기 꿈을 해석하고 싶어 안달이 났지만, 할 수 있는 일이 아무것도 없었다. 협박도 하고 회유도 했지만 도무지 그 의미를 알 수 없게 되자 심하게 좌절한다(단 2:1-12).

두 왕의 좌절이 확연하게 묘사하는 것은 권력이라는 망상이다. 이 통치자들처럼 우리도 만사를 자신이 통제해야 한다고 믿는다. 내 구역에서 내가 원하는 것을 얻을 수 있어야 한다고 생각한다. 내가 저것을 바꿀 수 있어야 한다. 나 같은 사람은 저런 일을 성취할 수 있어야 한다. 나를 방해하는 저것이 마음에 들지 않는다. 저것은 나를 좌절시킬 뿐 아니라, 나를 미치게 한다. 나 스스로가 무기력하게 느껴지고, 세상이 내 법칙에 굴복하지 않아 불같이 화가 난다.

똑같은 주제가 끓어오르고 있다. 나의 좌절감은 자만심과 밀접한 관계가 있다. 스스로를 작은 메시아처럼 여기는 거짓된 신념에 빠져 살기에 내가 이것을 성취하거나 저것을 고칠 수 있어야 한다고 확신한다. 내 힘과 내 능력을 믿고 싶어 한다. 나는 강하고 능력 있는 사람이라고 느끼기 원한다. 그렇지 않으면 좌절한다. 분노의 배후에는 좌절이 있고, 좌절의 배후에는 죄가 있다. 하나님의 자리를 대체하려는 죄가 숨어 있다.

3. 슬픔

두려움과 좌절은 분노와 마찬가지로 비교적 원초적인 감정이다. 이제 살펴볼 두 감정은 단순하지가 않다. 그중 첫 번째인 슬픔은 여러 층으로 나뉘는데, 특히 비통과 상실을 표현할 때 그렇다.

비통과 분노의 연결 고리는 분명한 편이다. 퀴블러로스(Kubler-Ross)가 환자들이 말기 진단에 어떻게 반응하는지 조사한 유명한 연구에서 확인된 핵심 사실 중 두드러진 한 가지는 분노다. 치료가 불가능한 환자들은 자신의 병에 화를 내고, 치료법을 제시하지 못하는 의료진에게 화를 내고, 적절한 시기를 놓친 이유에 화를 내고, 자신의 병과 상관없이 잘 돌아가는 것만 같은 세상에 화를 내고, 고쳐 달라는 기도에 응답하지 않으시는 하나님께 화를 낸다.[1] 이 연구 결과는 다른 여러 상실 경험에까지 확장되는데, 그중에서도 특히 사별에 적용된다. 사별한 사람들이 모두 이 이론이 제안하는 단계를 거쳐 상실을 극복한 것은 아니지만, 그 요소의 여러 부분이 과정 중에 특징적으로 나타났다. 그들은 자신이 겪는 감정 중

---

1) Kubler-Ross, *On Death and Dying* (New York: Macmillan, 1969); 『죽음과 죽어감』, 이진 옮김, 청미, 2018.

한 가지가 분노라는 사실을 알고 나서, 분노를 다루는 데 도움을 얻었다.

이것이 중요한 까닭은 우리가 상실로 인해 분노(특히 죽은 사람을 향한 분노)를 느낀다고 생각하기가 쉽지 않기 때문이다. 하지만 놀랍게도 그런 분노는 매우 흔하다. 때로 분노는 버림받았다는 감정과 연결되기도 한다. "어떻게 엄마가 나를 세상에 남겨 두고 떠날 수 있죠?" 때로는 후회의 표현으로 나타나기도 한다. "왜 그 사람은 내가 말한 대로 서둘러 치료를 받지 않았을까요?" 그 분노는 내가 제대로 보살핌을 받지 못했다는 의미로 표현될 때가 많다. "나를 정말 사랑했다면 이렇게 떠날 수는 없습니다."

우리가 보기에 그런 감정들은 논리에 맞지 않을뿐더러, 진지하게 받아들여지지 않을 수 있다. 죽은 것이 그들 잘못이라는 듯 어떻게 죽은 사람에게 화를 낼 수 있겠는가? 죽은 사람들은 대체로 비판에서 면제되고는 한다. 장례식에서 고인을 애도하는 말은 극찬 일색이다. 죽은 사람에게는 좋은 말만 해야 한다는 듯 말이다. 그래서 고인에게 분노를 느끼는 사람들은 마음속으로 굉장히 괴로울 수 있다. 그들이 그런 감정을 내색하지 않는 이유를 쉽게 이해할 만하다.

우리는 이런 감정들을 어떻게 받아들여야 할까? 분노와 상실의 경험이 공존하는 이유를 설명할 만한 성경적인 통찰에는 무엇이 있을까? 두 가지 주제가 떠오른다. 그중 한 가지는 우리 자신을 초월해 영원을 가리킨다. 나머지 한 가지는 그보다는 부정적이어서 다시 한번 우리 죄의 패턴을 연상시킨다.

긍정적인 것부터 살펴보자. 성경을 전반적으로 살펴보면, 죽음과 (어떤 의미에서는) 모든 상실에는 무언가 잘못된 요소가 있음을 알 수 있다. 죽음은 원래 당연한 것이 아니었다. 죽음은 타락을 떠올리게 한다. 죽음은 뱀의 말이 거짓으로 드러나고 주 하나님의 말씀이 진리로 드러난 순간으로 우리를 다시 끌고 간다. 하나님은 아담과 하와에게 선악을 알게 하는 나무의 열매를 먹으면 죽으리라고 경고하셨다. 그들은 영적으로 하나님과 단절되었고, 육체의 죽음은 그 불가피한 결과였다.

따라서 죽음은 악한 자가 우리를 속인 끔찍한 결과다. 그런 의미에서 죽음은 물리쳐야 할 적으로 간주된다(고전 15:26). 사도 요한은 예수님이 친구 나사로가 죽었다는 소식을 듣고 비통히 여기셨다고 말한다(요 11:33, 38). 여기서 '비통하다'로 번역된 단어는 사실 분노를 표현하는 것이다. 예수님은 죽음에 반대하신다. 그분은 죽음과 죽음이 하나님의 창조세계에 불러오는 피해와 파멸에 분노하신다. 그러므로 우리가 죽음 앞에서 분노하는 것은 어느 정도 타당하고 적절하다. 세상이 잘못되었다는 예수님의 인식에 동의하는 것이기 때문이다.

우리는 죽음이 관계를 망가뜨리고 세상에 엄청난 고통을 불러오는 방식에 분노**해야 한다**. 죽음은 창조세계를 향한 하나님의 계획에 포함되지 않았고, 그분의 최종 계획도 아니다. 그런 의미에서 죽음에 분노하는 것은 괜찮다.

그러나 여기에는 또 다른 부분이 있다. 죽음에 대한 우리의 분노에는 자기중심적인 다른 관심사가 작동한다는 것이다. 우리는 하나님의 계획이 망가진 데 분노하는 것이 아니라, 자신의 계획이 망가진 데 분노한다. 인생과 우리가 사는 세상에 무엇이 가장 좋은지는 우리 자신이 가장 잘 안다. 세상이 어떻게 돌아가야 하는지는 바로 우리가 결정해야 한다. 그런데 죽음은 세상이 우리 마음대로 되지 않는다는 사실을 보여 준다. 그래서 우리는 분노한다.

이번에도 우리가 스스로 정한 법칙이라는 망령이 드러난다. 죽음은 내가 세운 내 인생 계획에는 설 자리가 없다. 그래서 죽음이 나를 방해하면 불같이 화를 낸다. 상실에 적절한 슬픔을 느끼고 그 슬픔을 하나님 앞에 가져오는 대신, 세상을 내 뜻대로 하지 못하는 무능력에 분노한다.

욥은 모든 것을 잃고 나서 처음에는 여호와께 대한 전적인 복종을 표현했다. "주신 이도 여호와시요 거두신 이도 여호와시오니"(욥 1:21). 하지만 얼마 못 가 분노의 암류가 드러난다. "그런즉 내가 내 입을 금하지 아니하고 내 영혼의 아픔 때문에 말하며 내 마음의 괴로움 때문에 불평하리이다"(욥 7:11). 그리고 이 분노가 하나님을 향하고 있다는 사실이 분명해진다.

"주께서 꿈으로 나를 놀라게 하시고 환상으로 나를 두렵게 하시나이다 이러므로 내 마음이 뼈를 깎는 고통을 겪느니 차라리 숨이 막히는 것과 죽는 것을 택하리이다 내가 생명을 싫어하고 영원히 살기를 원하지 아니하오니 나를 놓으소서 내 날은 헛 것이니이다 사람이 무엇이기에 주께서 그를 크게 만드사 그에게 마음을 두시고 아침마다 권징하시며 순간마다 단련하시나이까 주께서 내게서 눈을 돌이키지 아니하시며 내가 침을 삼킬 동안도 나를 놓지 아니하시기를 어느 때까지 하시리이까 사람을 감찰하시는 이여 내가 범죄하였던들 주께 무슨 해가 되오리이까 어찌하여 나를 당신의 과녁으로 삼으셔서 내게 무거운 짐이 되게 하셨나이까"(욥 7:14-20).

욥은 분노한다. 잃어버린 것들에 분노하고, 고통에 분노하며, 하나님께 분노한다. 그러나 욥은 분노를 표출하는 절정에서가 아니라, 피조물인 자신의 위치를 깨닫는 절정에서 분노에 대한 해결책을 발견한다. 하나님은 욥에게 누가 하나님이고 누가 인간인지를 일깨워 주신다. 먼저 그분은 욥의 부족한 지식을 드러내신다.

"무지한 말로 생각을 어둡게 하는 자가 누구냐 너는 대장부처럼 허리를 묶고 내가 네게 묻는 것을 대답할지니라 내가 땅의 기초를 놓을 때에 네가 어디 있었느냐 네가 깨달아 알았거든 말할지니라 누가 그것의 도량법을 정하였는지, 누가 그 줄을 그것의 위에 띄웠는지 네가 아느냐 그것의 주추는 무엇 위에 세웠으며 그 모퉁잇돌을 누가 놓았느냐 그 때에 새벽 별들이 기뻐 노래하며 하나님의 아들들이 다 기뻐 소리를 질렀느니라"(욥 38:2-7).

나중에 하나님은 욥의 무능력도 지적하신다.

"네가 낚시로 리워야단을 끌어낼 수 있겠느냐 노끈으로 그 혀를 맬 수 있겠느냐 너는 밧줄로 그 코를 꿸 수 있겠느냐 갈고리로 그 아가미를 꿸 수 있겠느냐 그것이 어찌 네게 계속하여 간청하겠느냐 부드럽게 네게 말하겠느냐 어찌 그것이 너와 계약을 맺고 너는 그를 영원히 종으로 삼겠느냐 네가 어찌 그것을 새를 가지고 놀 듯 하겠으며 네 여종들을 위하여 그것을 매어두겠느냐 어찌 장사꾼들이 그것을 놓고 거래하겠으며 상인들이 그것을 나누어 가지겠느냐 네가 능히 많은 창으로 그 가죽을 찌르거나 작살을 그 머리에 꽂을 수 있겠느냐 네 손을 그것에게 얹어 보라 다시는 싸울 생각을 못하리라 참으로 잡으려는 그의 희망은 헛된 것이니라 그것의 모습을 보기만 해도 그는 기가 꺾이리라 아무도 그것을 격동시킬 만큼 담대하지 못하거든 누가 내게 감히 대항할 수 있겠느냐 누가 먼저 내게 주고 나로 하여금 갚게 하겠느냐 온 천하에 있는 것이 다 내 것이니라"(욥 41:1-11).

욥은 고통과 상실을 겪으면서 누가 하나님인지 잊어버리고 분노하게 되었다. 자신이 가장 잘 알며, 하나님께 지시할 수 있다고 믿게 되었기 때문이다.

분노의 배후를 살피면 슬픔과 상실이 있는 경우가 많다. 그러나 상실 앞에서 우리의 분노를 말할 때는 분노의 옳은 표현과 잘못된 표현 모두에 주의할 필요가 있다. 우리의 원수인 죽음이 악영향을 미칠 때 우리가 분노를 느끼는 것은 마땅하다. 그런 분노는 올바르고 적절하며, 예수님도 이 땅에서 똑같은 분노를 느끼셨다. 하지만 우리가 왕좌에 계신 분이 누구인지 잊어버리고, 우리가 세운 계획대로 되지 않아서 좌절할 때 느끼는 잘못된 종류의 분노도 있다.

4. 수치심

분노의 배후에서 찾을 수 있는 마지막 감정은 수치심이다. 앞서 살펴본 아하수에로와 발람의 경우에서 수치심을 볼 수 있다. 아하수에로왕은 와스디가 손님들 앞에 나오라는 명령을 거절했을 때(에 1장), 발람은 나귀가 자기 명령에 복종하지 않았을 때(민 22장) 수치심을 느꼈을 것이다.

수치심과 분노는 익숙한 조합이다. 우리는 창피당하기를 싫어한다. 수치심이 분노로 변하는 것은 흔한 일이다. 이언 매큐언(Ian McEwan)의 소설 『체실 비치에서』(*Chesil Beach*)에서, 성 경험이 없었던 남자는 첫날밤에 성적 흥분을 제어하지 못하는 자기 모습에 수치심을 느낀다. 그는 신부에게 걷잡을 수 없는 분노를 폭발하면서, 신혼여행뿐 아니라 결혼생활 전체를 망가뜨리고 만다. 그날 밤에 그의 분노가 둘의 관계에 입힌 상처는 도저히 수습할 수 없는 정도였는데, 모두가 그의 수치심 때문이다.

아하수에로와 와스디의 경우에서 보듯이, 그런 일이 공개적인 장소에서 일어날 때 대체로 우리의 수치심은 더 악화되기 마련이다. 남들이 우리의 실패를 목격할 때 우리가 세상에 보여 주고 싶은 좋은 인상이 사라져 버린다. 남들에게 강한 사람으로 비치고 싶은데 약한 사람으로 드러난다. 세상이 우리를 노련한 사람으로 알아주기 바라지만 신출내기에 불과하다는 사실이 드러난다. 세상 사람들이 우리를 똑똑한 사람으로 우러러보기를 원하지만 무식함만 드러난다. 우리의 자아상과 우리가 세상에 보여 주고 싶은 이미지가 어그러진다. 그래서 화가 난다.

이런 기묘함은 우리가 자기를 기만하는 정도에 달려 있다. 자기 역량의 한계가 드러나면 그냥 인정하면 되는데 그렇게 하지 못하도록 무언가가 방해한다. 자신이 약하다는 느낌을 싫어한다. 그래서 수치심이 생긴다. 수치심은 우리가 실제로는 소유하지 않은 힘을 주장하려는 결단에서 비롯된다.

경험 부족도 마찬가지다. 아직 배울 게 많다고 인정하면 될 일인데 그러고 싶지가 않다. 그래서 다 아는 체해야 하기 때문에 수치심을 느낀다.

사람들이 우리가 힘들어하는 모습을 보고 도움을 주려 할 때 무슨 일이 벌어지는지도 생각해 보자. 그냥 도와줘서 고맙다고 말하고, 혼자서 모든 일을 다 할 수는 없다고 인정하면 되는데, 그 역시 힘들어 보인다. 오히려 도움을 거절하는 동시에 수치심을 느낀다. 자신을 완전히 독립적이며 자급자족할 수 있는 사람으로 보이고 싶기 때문이다.

자신이 모든 것을 다 알고 무한한 힘이 있으며 절대 자급자족이 가능하다는 이 모든 착각은 우리가 하나님을 가장하는 방식들이다. 이 모두는 하나님께만 있는 속성이다. 그런데도 정신이 나가서 우리에게도 그런 속성이 있다고 가장한다. 그러다 그렇지 못하다는 사실이 분명해지는 순간, 수치심에 무너지고 만다.

우리가 남의 시선과는 상관 없이 수치심을 느낀다는 사실을 알아차릴 때, 하나님을 겨냥할 수밖에 없는 이 수치심의 성격이 더욱 분명해진다. 아하수에로는 궁중 연회라는 공공장소에서 굴욕을 당했지만, 발람은 딱 두 사람 앞에서 굴욕을 당했다. 우리는 혼자서도 얼마든지 수치심을 느낄 수 있는 존재다. 아무도 보는 사람이 없을 때가 더 심할 수 있다. 그런 순간에 당황하여 얼굴을 붉힐 때 수치심은 거의 전적으로 내면의 문제다. 자신이 되기 원하는 인격체와 남들에게 갑작스럽게 노출된 인격체가 충돌하는 것이다. 그 모습은 우리의 자아상과도 들어맞지 않는다. "내가 이 정도밖에 안 되는 사람인가." "나한테 기대가 컸는데." "내가 이런 취급을 받다니, 말도 안 돼. 나 같은 사람을 이렇게 푸대접하다니!"

물론, 이것이 수치심을 일으키는 유일한 방식은 아니다. 때로는 과장된 자아상에 어울리지 않는 취급을 받아서가 아니라, 하나님이 우리에게 주신 존엄성에 어울리지 않는 취급을 받아서 수치심을 느낀다. 남을 학대하는 사람은 상대가 모멸감을 느끼는 일을 강제하며 수치심을 준다. 어떤 상사는 남들 보는 데서 직원을 웃음거리로 만들고 괴롭혀서 굴욕을 준다. 어떤 남편은 끊임없이 아내를 모욕하고 하는 일마다 조롱하여 부끄럽게 만든다. 이런 경우, 수치심의 배후에 있는 것은 자기가 중요하다는 과장된 생각이 아니라, 하나님의 형상대로 지음 받은 모든 사람이 지닌 자존감이다.

하지만 흥미롭게도 그런 종류의 수치심은 분노의 형태로 표현되는 경우가 적다. 분노는 하나님을 대체하는 우리의 과장된 이미지가 위협받을 때 느끼는 수치와 굴욕에서 이어지는 경우가 훨씬 더 많다.

우리가 표출하는 분노 이면에 수치심이 있음을 알았다면, 우리는 복음의 이중 위로를 들을 준비가 된 것이다. 우리는 첫째, 회개하라는 복음의 요청을 들을 준비가 되었다. 하나님처럼 행동하라고 우리를 설득하는 죄악된 가정을 인정하고 그것들을 단호하게 물리칠 준비가 된 것이다. 이 회개는 위로(때로는 기쁨)인데, 우리가 추구하도록 설계된 적 없는 무언가를 쫓기를 그만둔다는 사실이 큰 안도를 주기 때문이다.

복음에서 찾을 수 있는 두 번째 위로는 수치심 가운데서 우리가 만나는 선물, 우리의 수치를 드러내지 않고 덮어 주는 은혜이다. 이 의의 선물은 우리에게 하나님 앞에서 설 자리를 제공해 준다. 그래서 다시는 주눅 들거나 남에게 굽힐 필요를 느끼지 않는다. 하나님은 우리를 가치 있게 여기신다. 우리는 하나님 보시기에 소중하다. 이제 다시는 수치를 당하지 않아도 된다.

이렇게 수치심이 사라질 때 분노도 누그러지는 것을 발견한다.

PART / 4

복음은 어떻게
인간의 분노를 바꾸는가?

: 세상이 줄 수 없는 그리스도

'분노 관리'는 호황 산업이다. 나는 영국분노조절협회(British Association of Anger Management)라는 작은 단체를 찾았는데, 내가 그 웹사이트에 접속했을 때(2017년 말) 12월 초에 있는 '분노 인식 주간'(National Anger Awareness Week)을 광고하고 있었다. 그다음에는 사람들이 성탄절 휴가 때 사용하도록 "명절에 평정심 유지하기"라는 지침을 배포했다.[1] 이 자료에 따르면, 평균적으로 성탄절 오전 9시 58분에 첫 번째 논쟁이 벌어진다. (58분이라는 시간의) 정확성이 의심스럽다는 점은 차치하고라도, 스트레스가 많은 아침에 그 정도 시간대는 내게 상당히 늦은 것처럼 보였다!

물론 세상의 분노 조절법에도 지혜가 담겨 있다. 규칙적으로 운동을 하고 잠을 충분히 잔다. 언제, 어떻게 어려운 대화를 풀어 갈지 미리 생각한다. 위기를 가라앉히기 위한 부드러운 유머를 익힌다. 냉소적인 말은 피한다. 열까지 센다. 호흡법을 활용해 천천히 숨을 쉰다. 분노를 유발하는 요인을 찾아서 피한다. 분노 대처에 효과가 없는 방법은 그만두고, 더 나은 방법을 찾는다. 춤, 그림,

---

[1] "Anger Awareness Week 2017 Launches with the Message That Yule Can Be Cool," psychreg(website), November 28, 2017, https://www.psychreg.org/anger-awareness-week/.

글쓰기 등 창의적인 활동을 한다. 자신의 감정을 털어놓을 친구를 찾는다. "**당신은** 집안일을 하는 법이 없네요."라는 말 대신 "**나는** 이럴 때 화가 나요.**"라고 말한다. 불만을 속에 담아 두지 않는다. 이는 모든 문화권에 잘 알려진 공통된 지혜다. 하나님이 허락하신 일반은총으로, 대체로 도움이 되고 때로는 크게 도움이 된다.

그렇다면 그리스도께서는 세상의 분노 조절법이 해 줄 수 없는 무엇을 해 주실 수 있는가? 이 질문에 대답하려면 우리가 맞닥뜨린 문제를 돌아볼 필요가 있다. 다음은 모든 사람이 마주하는 분노 문제의 여섯 가지 측면이다.

1. 분노는 마음의 욕구를 드러낸다. 따라서 내 분노가 치유되려면, 새로운 욕구를 가진 변화된 마음이 필요하다.
2. 분노는 군중으로부터 전염된다. 따라서 내가 더 나은 방법을 배울 새로운 집단이 필요하다.
3. 나는 부당한 취급을 받았을 때 복수하기 원한다. 복수하려는 마음이 나를 온통 휘젓는다. 따라서 마음의 평화를 찾고, 복수하려는 욕심을 치유할 방법이 필요하다.

4. 분노에는 위험한 폭발력이 있다. 내가 감당하기에는 그 힘이 너무 세다. 나의 분노 문제에는 영적 차원이 있다. 따라서 내 분노를 누그러뜨리고 재조정할 새로운 영적 능력이 필요하다.
5. 나는 자기 의 때문에 분노에 속는다. 따라서 새로운 겸손이 필요하다.
6. 때로는 의로운 분노도 있지만, 뒤섞인 동기에서 비롯된 경우가 대부분이다. 따라서 내 분노를 순수하게 만들 새로운 영향력이 필요하다.

세상의 분노 조절법이 효과적으로 다루기에 분노 문제는 너무 심오하고 어둡다. 내게는 새로운 욕구, 새로운 군중, 새로운 평화, 새로운 능력, 새로운 겸손, 새로운 사랑이 필요하다. 그리스도께서 복음을 통해 자신을 내주실 때 이 모든 것을 내게 주신다. 이제부터는 이 여섯 항목을 차례로 가져다가 우리의 분노 문제를 다루면서, 그리스도께서 주시는 이 여섯 가지 복을 열어 보려고 한다. 그 과정 가운데 우리 분노 문제의 가장 심오하고 어두운 부분을 감당하시는 그리스도의 모습을 보게 될 것이다.

우리는 우선 야고보서를 살펴볼 것이다. 바울이 "분을 내어도 죄를 짓지 말며"(엡 4:26)라고 쓰고, "노함과 분냄"을 버려야 한다고 한 에베소서 본문도 다시 살펴보려 한다. 그 가르침 일부는 골로새서 3장에도 나와 있다.

chapter / 19
그리스도 안에서 새로워진 욕구

1장과 2장에서는 분노가 우리의 욕구(우리가 원하는 것)와 관련이 있기에 두려움(무서워하는 것), 애정(즐기는 것), 혐오(꺼리는 것)와도 관련이 있다는 점을 살펴보았다. 이번 장에서는 분노의 문제를 다시 살펴보고, 그리스도 안에 있는 해결책을 찾아본 다음, 그 해결책이 분노 문제에 어떤 차이를 가져오는지 살피려 한다.

문제: 악한 욕구

분노 문제가 우리의 잘못이라는 말은 너무나 당연하다. 분노 문제는 마음의 악한 욕구에서 비롯된다. 우리는 끔찍한 환경이나 상사, 이해할 수 없는 남편, 조종에 능숙한 아내, 학대하는 양아버지를 비난하고 싶어 한다. 무엇보다도 하나님이라는 존재가 있다면 하나님을 비난하고 싶어 한다. 그분이야말로 우리 삶에 이런 불공평을 허락하신 분이기 때문이다.

화가 잔뜩 난 사람이 자신의 고충을 털어놓을 때 우리는 본능적으로 이 모든 불공평한 상황에 같이 화를 내게 된다. 우리는 이렇게 말한다. "아, 끔찍해라. 너무 불공평하네요! 어떻게 그 여자는 그렇게 행동할 수 있죠? 그 사람은 감옥에 가도 싸요. 그 남자는 직장에서 잘려야 한다니까요." 어느 젊은 목회자가 내게(크리스토퍼) 담임 목사가 저지른 비행에 대해 이야기해 주었다. 그의 이야기를 듣고 있자니, 나까지 그 목사에게 화가 치밀어올랐다. 그의 터무니없는 행동에 나도 함께 넋두리를 늘어놓고 싶어졌다.

야고보는 자신이 쓴 서신서에서 그러지 말라고 한다. 남을 비난하지도, 하나님을 비난하지도 말라고 조언한다.

"사람이 시험을 받을 때에 내가 하나님께 시험을 받는다 하지 말지니 하나님은 악에게 시험을 받지도 아니하시고 친히 아무도 시험하지 아니하시느니라 오직 각 사람이 시험을 받는 것은 자기 욕심에 끌려 미혹됨이니 욕심이 잉태한즉 죄를 낳고 죄가 장성한즉 사망을 낳느니라"(약 1:13-15).

'시험을 받는다'(tempted)라고 번역한 단어는 야고보서 1장 2절과 12절에서 "시험"(trial)으로 번역한 것과 같은 단어다. 유혹(temptation)을 받을 때 우리는 시험(trial)을 견디는 것이다. 야고보는 힘든 상황에서 이렇게 말하는 것은 옳지 않다고 한다. "하나님이 나를 시험하고 계셔. 내가 죄를 짓도록 유혹하시는 거야. 하나님은 내가 화를 내기 원하셔. 그래서 이런 어려움을 주시는 거라고." 다른 사람에 대한 모든 비난의 뿌리에는 하나님에 대한 비난이 자리하고 있다. 이 끔찍한 상사, 이 무분별한 남편, 이 탈 많은 마음, 이 연약한 몸, 이 부당한 정부를 우리에게 주신 분이 바로 전능하고 주권적인 능력의 하나님이시기 때문이다.

어쩌면 이런 태도를 보여 주는 가장 유명한 예를 『루바이야트』(Rubaiyat)에서 찾을 것도 같다. 『루바이야트』는 11–12세기 페르시아의 천문학자 겸 수학자이자 시인인 오마르 하이얌(Omar Khayyam)이 쓴 시집이다.

오, 내가 헤매고 다닐 길목에
함정과 덫을 쳐 놓은 당신,
예정된 운명의 그물로 나를 옭아매고는
내 타락을 죄 탓으로 돌리진 않겠지요?[1]

"하나님, 당신이 책임지고 계시잖아요. 만사를 통제하시잖아요. 이건 제 잘못이 아니에요. 당신이 제 앞에 온갖 함정과 덫을 놓으셨죠. 그러니 제가 거기에 빠진 건 당신 잘못입니다." 하지만 야고

---

1) Omar Khayyam, "LVII", in *Rubaiyat of Omar Khayyam, the Astronomer-Poet of Persia*, Edward FitzGerald 번역(London: Bernard Quaritch, 1859).

보는 우리가 이런 식으로 책임을 피해 갈 수 없다고 말한다. 하나님은 우리를 악으로 유인하지 않으신다. 그분은 누구도 악으로 유인하시는 법이 없다. 우리의 가장 심각한 문제는 우리 외부가 아닌 우리 내면에 있다.

야고보는 14절과 15절에서 다음과 같이 3단계로 선명하고 정직하게 진단을 내린다.

1단계 "오직 각 사람이 시험을 받는 것은 자기 욕심에 끌려 미혹됨이니."
: 내게는 악한 욕구가 있다. 그것들은 내 마음속에 있다. 그 욕구가 앞으로 벌어질 일의 뿌리다. 마치 사냥꾼이 먹잇감을 유인하듯이 그 악한 욕구들이 나를 유인한다. 사냥꾼이나 낚시꾼이 미끼를 사용하듯이 나를 미혹한다.

2단계 "욕심이 잉태한즉 죄를 낳고."
: 욕심이 나를 미혹할 때 내 악한 욕구와 의지가 결합하여 무언가가 잉태되는데, 그것이 바로 죄다.

3단계 "……죄가 장성한즉 사망을 낳느니라."
: 죄는 성장한다. 성숙한다. 발전한다. 죄는 악한 욕구의 손주, 곧 사망을 낳는다.

토마스 아 켐피스(Thomas a Kempis)는 이를 다음과 같이 표현한다. "처음에는 단순한 생각이 마음속에 떠오르고, 그다음에는 강력한 상상이, 이후에는 쾌락과 악한 행동과 동의가 따라온다."

나는 왜 화를 냈을까? 마음속에 있는 (좋은 명성, 안락함, 통제권, 성욕, 탐심에 대한) 악한 욕구가 좌절되거나 위협을 받으면 분노하게 된다. 그런 분노가 싸움과 다툼으로 이어지고, 사망을 낳는다.

야고보는 4장 서두에서 다시 이 준엄한 진단으로 돌아온다. "너희 중에 싸움이 어디로부터 다툼이 어디로부터 나느냐"(1절). 우리는 이렇게 대답하고 싶다. "다른 사람들의 잘못된 행동 때문에 화가 납니다. 그들이 그렇게 나쁜 짓만 하지 않았어도, 다툼은 없었을 거예요." 아니다. 야고보는 당신도 문제의 일부라고 말한다. "너희 지체 중에서 싸우는 정욕으로부터 나는 것이 아니냐 너희는 욕심을 내어도 얻지 못하여 살인하며 시기하여도 능히 취하지 못하므로 다투고 싸우는도다 너희가 얻지 못함은 구하지 아니하기 때문이요 [심지어 구할 때조차도] 구하여도 받지 못함은 정욕으로 쓰려고 잘못 구하기 때문이라"(1-3절).

야고보는 솔직해지라고 말한다. 상황을 탓하지 말라. 남을 탓하지 말라. 하나님을 탓하지 말라. 가장 근본적인 문제는 우리 마음속에 있다. 분노를 유발하는 외부 상황에서(우리가 받는 부당한 대접, 말이 안 통하는 배우자 등 어떤 대상이든) 시선을 돌려 자기 내면을 들여다보아야 한다. 우리에게는 이런 정직한 진단이 필요하다.

그렇다고 다른 사람에게 무조건 면죄부를 주라는 뜻은 아니다. 그들이 정말로 악한 마음을 먹고 행동하고 있을 수도 있다. 이 말씀은 분노라는 반응은 우리 마음속 욕구에서 발생한다는 뜻이다. 다른 사람들의 행동이 분노의 궁극적인 **원인**은 아니다.

바울은 에베소서 2장에서 인간의 타고난 상태를 묘사하면서("허물과 죄로 죽었던", 1절), 우리를 "육체[또는 죄악된 본성]와 마음의 원하는 것을 하는"(3절) 존재로 묘사한다. "원하는 것"(*epithumia*)으로 번역된 단어는 열정이나 매우 강한 욕구를 뜻한다. 죄는 그 갈망과 열망의 관점에서 그리고 마음 곧 상상 속에서 벌어지는 일의 관점에서 묘사된다. 동시에 죄는 애정(우리의 욕구)과 인지(우리의 사고)의 문제이기도 하다.

바울은 에베소서 4장에서 이 내용으로 다시 돌아온다. 그는 "마음의 허망한 것"(17절)과 "그들의 총명이 어두워지고 그들 가운데 있는 무시함"(18절)에 대해 쓴다. 우리는 사고가 '논리'보다 훨씬 더 깊다는 사실을 알 수 있다. 사람들은 "하나님의 생명에서 떠난"(18절) 탓에 잘못된 사고를 하게 된다. 이런 무지함은 "그들의 마음이 굳어"(18절)졌기 때문이다. 그들은 "감각 없는 자가 되어 자신을 방탕에 방임"(19절)한다. 바울은 계속해서 말한다. "너희는 유혹의 욕심을 따라 썩어져 가는 구습을 따르는 옛사람을 벗어 버리고"(22절).

마음의 기어가 중립에 있을 때 우리 생각이 어디로 빠지는지 살펴보면 이 사실을 알 수 있다. 상상, 백일몽, 환상, 내가 생각하고 원하는 것이 모두 한데 뒤섞인다. 분노에는 인지적인 측면이 있다. 무언가가 내 뜻대로 되지 않는다고 생각하기에 화가 난다. 잘못된 사고, 완악한 마음, 악한 욕구에서 잘못된 분노가 생겨난다. 사고와 욕구는 분리할 수 없다(그래서 인지행동치료가 사람들에게 먹힌다).

욕구는 우리가 무엇을 가치 있게 여기는지 드러낸다. 소중히 여기는 것이 공격받거나 위협당할 때 우리는 분노한다. 내가 바라는 것이 하나님의 생명에서 떠나 있다면, 내 욕구는 나를 중심으로 돌아갈 것이다. 내게 동의하거나 나를 기쁘게 하는 것을 소중히 여길 것이다. 통제하려는 욕구, 내 명성, 내 성적 만족, 내 계획, 내 권력이 위협당할 때 분노할 것이다.

그러나 이 욕구들은 절대 약속을 지킬 수 없다. 절대 만족을 주지 못한다. 이 욕구들은 우상에 불과하다. 그것들은 나를 속여서, 내가 나의 목적(기차를 제시간에 타겠다는 작은 목적에서부터 성공이나 훌륭한 명성이라는 큰 목적에 이르기까지)을 달성하기만 한다면 기쁨을 얻을 거라고 생각하게 만든다. 이런 잘못된 욕구들은 나를 분노, 좌절, 두려움, 우울, 비통, 폭력과 같은 막다른 골목으로 이끈다. 이 모든 악이 범죄(분노도 그중에 포함된다)의 가족사진에 등장한다.

내가 원하는 것이 내 삶을 좌우한다. 내 욕구가 나를 유인하고 인도하고 끌고 간다. 당신이 내 욕구를 반대하면, 나는 분노한다. 존 오웬(John Owen)은 "배의 조타 장치처럼 [이런] 정서(affections)가 영혼 안에 있다"[2]고 쓴다. 그것들이 우리 삶의 방향을 조종한다. 조나단 에드워즈는 이에 대해 "사람을 움직이는 탄성"[3]이라고 말한다. 윌리엄 페너(William Fenner)는 "정서는 마차를 끌 듯이 영혼을 끄는 말"이라고 쓴다. 그렇게 그 사람을 자신이 원하는 것들로 끌고 간다.[4]

따라서 내 죄악된 분노를 해결하고 싶다면, 내 욕구의 뿌리를 찾아서 바꾸어야 한다. 그리고 그리스도께서 복음을 통해 바로 그 일을 시작하신다.

해결책: 재조정된 욕구

자신의 욕구를 현실적이고 정직하게 바라볼 때, 그리스도께서 주시는 복으로 향하는 길이 열린다. 바울은 우리가 그리스도를 배웠다고 말한다(엡 4:20). "진리가 예수 안에 있는 것 같이 너희가 참으로 그에게서 듣고 또한 그 안에서 가르침을 받았을진대"(21절). 우리가 그리스도 안에서 배운 것은 이것이다. "너희는 유혹의 욕심을 따라 썩어져 가는 구습을 따르는 옛 사람을 벗어 버리고 오직 너희의 심령이 새롭게 되어 하나님을 따라 의와 진리의 거룩함으로 지으심을 받은 새 사람을 입으라"(22-24절).

---

2) John Owen, *The Grace and Duty of Being Spiritually Minded*, in *The Works of John Owen*, 16 vols., William H. Goold 편집 (1681; repr., Edinburgh: Banner of Truth, 1965), 7:397.

3) Jonathan Edwards, *The Religious Affections* (1746; repr., Edinburgh: Banner of Truth, 1961), 29.

4) William Fenner, *A Treatise of the Affections*, London (1642), sig. B2.

우리는 그리스도를 배웠다. 우리가 배우고 익힌 그리스도께서 한 사람의 내적 존재를 변화시키신다. 우리가 "벗어 버려야" 할 "옛사람"이 있다(22절). 그리스도께서 "마음의 영"(23절, 새번역) 깊은 곳에서 우리를 새롭게 하신다. 이 표현은 한 사람의 중심부와 뿌리를 가리킨다. 이는 행동의 변화보다 더 깊은 변화이다. 사고와 욕구의 변화이다. 사고, 상상, 욕구, 즐거움 같은 마음 전체가 바뀌기 시작한다. "새 사람"(24절)이 태어난다.

우리는 자기 내면의 자원으로 이 새 사람을 만들어 내지 않는다. 이것이 핵심이다. 다른 종교나 철학과 달리, 이 변화는 외부의 은혜로 주어진다. 이 새 사람은 **창조된다**. 하지만 우리가 가진 자원으로 만들어 내는 것이 아니다. 하나님이 그리스도 안에서 창조하신다. 이렇게 해서 우리는 "하나님을 따라 의와 진리의 거룩함"(24절)을 나타내기 시작한다. 바울은 골로새서 3장 10절에서 이와 비슷한 이야기를 한다. "새 사람을 입었으니 이는 자기를 창조하신 이의 형상을 따라 지식에까지 새롭게 하심을 입은 자니라."

분노의 뿌리에는 마음의 욕구가 있다. 세상의 분노 조절법은 그 증상을 일부 완화해 줄지 모르나, 오직 그리스도만이 마음속 새로운 욕구, 새로운 자아를 주실 수 있다. 그리스도만이 내가 소중히 여기는 것, 내게 분노를 유발하는 원리를 바꾸실 수 있다.

우리는 옛 사람을 "벗어 버리듯" 새 사람을 "입어야" 한다. 하지만 우리가 그 새 사람을 만들 필요는 없다. 이것은 엄청난 차이다.

사람들이 분노 조절법을 배우거나 '마음 챙김'(mindfulness) 명상을 권할 때 그 배후에는 우리가 분노를 해결할 수 있다는 전제가 깔려 있다. 이 전제에 따르면 우리는 단순히 올바른 전략을 취하기만 하면 새로운 자아를 만들 수 있다. 우리 자신을 '나 2.0', 곧 화내지 않는 자아로 개조할 수 있다는 것이다.

그리스도께서는 그렇지 않다고 말씀하신다. "너는 실패할 것이다. 그러나 내가 너를 새 사람으로 만들 것이다. 완벽한 아버지의 형상을 지닌 내가 네 안에 하나님을 따라 의와 진리의 거룩함으로 지으심을 받은 새 사람을 창조할 것이다. 너는 그 새 사람을 입기만 하면 된다." 무슨 뜻인가? 복음을 듣고 마음에 새기는 일은 하나님의 일이라고 강조하는 것이다. 우리는 "예수 안에 있는 진리"를 "가르침을 받아야" 한다(엡 4:21, 새번역). 이 일은 "진리의 말씀 곧 너희의 구원의 복음을 듣고 그[그리스도] 안에서 또한 믿었을"(엡 1:13) 때 시작되었다. 우리는 다만 시작하라는 메시지를 들었고, 계속해 나가라는 메시지를 듣는다.

그리스도의 복음을 반복해서 듣는 동안, 성경을 통해 복음의 풍성함(예수 안에 있는 진리)이 우리 앞에 열리는 동안, 예수님이 우리를 위해 하신 일이 우리를 바꾸기 시작한다. 그리스도께서는 우리의 욕구를 바꾸시고, 우리가 가장 가치 있게 여기는 것을 바꾸시고, 그렇게 해서 우리가 분노하는 대상을 바꾸기 시작하신다.

재조정된 욕구가 분노에 미치는 영향

예수 그리스도만이 변화된 마음을 주실 수 있다. 이 변화된 마음이 우리가 1장에서 언급한 예들에 어떤 영향을 줄 수 있는지 함께 살펴보자.

통제

다윗에게 왕위를 빼앗길까 두려워하는 사울처럼, 혹은 메시아께서 왕이 되실까 두려워하는 헤롯처럼 통제력을 잃을까 두려울 때 그리스도께서는 어떤 영향을 미치시는가? 막대한 영향을 미치신다. 이제 나는 하나님이 기름 부으신 왕이 진정한 왕이시며, 그분이 왕이 되실 것을 안다. 그분이 왕이셔서 기쁘다. 이제 얼마든지 그분께 무릎을 꿇을 수 있다. 그래서 직장에서나 가정에서 누군가 내 권력에 위협이 될 때 하늘과 땅의 모든 권위를 소유하신 그리스도께 흔쾌히 순복한다. 내가 가진 힘에 크게 연연하지 않는다. 사건과 사람에 대한 내 통제력이 위협을 받더라도 크게 화내지 않는다. 이제 내게는 온 세상보다 예수님의 통제가 더 의미 있다.

소유

나봇의 포도원을 손에 넣지 못한 아합처럼 원하는 것을 얻지 못해 시무룩하고 화가 날 때 그리스도께서는 어떤 영향을 미치시는가? 막대한 영향을 미치신다. 이제는 그리스도 안에서 새 하늘과 새 땅의 모든 유산이 내 것임을 안다. 그래서 이웃의 포도원에 크게 연연하지 않는다. 이웃의 직업이나 재능, 가족, 재산, 기회, 배우자에 신경 쓰지 않는다. 현세에서 무언가를 소유하지 못해 슬퍼하거나 좌절할 수는 있겠지만, 그리스도 안에 있는 그 약속이 모든 것을 바꾼다.

성

다말에 대한 욕정에 집착했던 암논처럼 사회 통념에 어긋나는 성욕에 빠져 있을 때 그리스도께서는 어떤 영향을 미치시는가? 성적 만족을 중요하게 여기며 그렇게 기대했던 즐거움을 얻지 못해서 화가 날 때 그리스도께서는 어떤 영향을 미치시는가? 막대한 영향을 미치신다. 우선, 그리스도께서는 우리를 인도하여 하나님이 설정하신 경계 밖에 있는 모든 잘못된 성욕에서 벗어나게 하신다. 그뿐 아니라 그분은 적절한 성욕에도 변화를 가져오신다. 우리는 그리스도와 교회의 복된 혼인날에 역사의 모든 성적 만족이 그리스도 안에서 영광스럽게 변화될 것을 안다. 현세에서 부분적으로 만족하든 만족하지 못하든, 그날에 우리는 그 즐거움에 사로잡힐 것이다. 그래서 남자든 여자든 모든 사람은 성적 만족을 갈망하지만, 그것이 더는 모든 것을 희생하여 얻으려는 절대선이 아니다. 모든 성관계는 우리의 기대에 미치지 못한다. 그러나 영원의 관점에서 성적 만족을 바라본다면 우리가 거기에 부여하는 가치가 줄

어들 것이다. 그러면 해로운 분노 대신 적절한 슬픔으로 반응하게 될 것이다. 그것이 오히려 긍정적인 관계 변화를 불러올 가능성이 높다.

명성

나귀 때문에 웃음거리가 된 발람, 나발에게 모욕을 당한 다윗, 와스디에게 모욕을 당한 아하수에로처럼 어떤 사람이 공개적으로 망신을 주었을 때 그리스도께서는 어떤 영향을 미치시는가? 막대한 영향을 미치신다. 이제 나는 그리스도를 따른다. 그리스도께서는 엄청난 지위를 내려놓고 자신을 비우셨으며, 멸시와 거절을 당하셨다. 나는 이제 내 체면과 이름과 명성에 크게 연연하지 않는다. 그리스도를 위해 기꺼이 바보가 되는 법을 배웠기 때문이다. 누군가 내 명성을 공격할 때도 화내는 일이 줄어든다.

이렇게 그리스도께서는 우리가 소중히 여기고 원하는 것을 바꾸신다. 그렇게 해서 우리의 이기적인 분노를 일으키는 원인들을 (그 뿌리에서부터) 바꾸신다.

실제 사례 1

마크는 직장에서 겪는 어려움 때문에 나(스티브)를 만나러 왔다. 교사인 그는 (그의 표현에 따르면) 너무나도 불합리한 상사의 괴롭힘에 힘들어하고 있었다. 상사는 날마다 그의 책상에 추가로 일거리를 던져 주었다. 어느 모로 보나 그 일은 상사의 몫이었는데도 말이다. 그러면서 말도 안 되는 마감일을 정해 주었다. 사기를 떨어뜨리는 이메일과 냉소 가득한 말이 끊임없이 이어졌다. 마크는 이 모든 상황에 지칠 대로 지쳤다.

마크는 제대로 먹지도, 자지도 못했다. 밤마다 걱정과 분노로 잠을 이룰 수 없었다. 내일 또 새로 떠맡아야 할 과도한 업무가 두렵고, 이 모든 부당함에 분노가 차올랐다. 이런 심리가 교실에서도 드러났고, 그 자신도 이를 알았다. 학생들을 퉁명스럽게 대하고 소홀히 하는 자신의 모습이 느껴졌다. "그래서 어쨌다고? 이게 무슨 소용이람?" 같은 태도가 마음속에 자리 잡기 시작했다. 아무리 애를 써도 달라지는 것은 없고, 상사가 그의 노력을 알아주는 것 같지도 않았다. 그러니 진짜 이게 다 무슨 소용인가?

신앙생활도 점점 더 나빠지고 있었다. 주중에 있는 교회 소그룹 모임에 자주 빠졌다. 너무 지치거나 바빠서 갈 엄두가 나지 않았다. 상황을 바꾸어 달라고 기도도 해 봤지만, 그가 보기에는 오히려 악화될 뿐이었다. 직장에서 그리스도의 증인으로 살아가기를 바랐건만, 이 모든 불공정한 상황에 분노만 쌓여서 인내심과 자비가 바닥난 지 오래였다.

지난 몇 달간, 마크는 상사를 만나 좌절감을 털어놓고 자신의 관점을 이해시키려 해 봤지만 생각대로 되지 않았다. 상사는 너무 방어적이고 그를 무시하는 것 같았다. 기껏해야 과도한 업무라고 생각되는 일을 작성해 보라고 권했을 뿐이다. 상사의 조언은 오히려 마크의 업무에 짐만 더 얹을 뿐, 변한 것은 아무것도 없었다.

마크는 상사와 문제를 상의하기를 포기하고, 대신 동료들에게 불만을 토로했다. 동료들이 상사의 요구가 과하다고 공감해 줄 때면 기분이 조금 나아졌다. 하지만 그가 정말로 고마웠을 때는 동료들이 자신과 함께 상사의 행동을 불평해 주었을 때다. 물론, 그러면서 그의 의로운 분노감은 더 깊어져만 간다는 것을 알았지만 말이다.

마크는 조언을 구하러 왔다. 이런 상황에서 무엇이 경건한 행동인지 알고 싶어 했다. 직장을 그만두고 다른 일을 찾아야 할까? 상사와 정면으로 부딪쳐야 할까? 교육부에 민원을 넣어 정식으로 이의를 제기해야 할까? 무엇이 가장 그리스도인다운 행동일까?

마크와 대화를 나누기 전날, 우연히 나는 "내 서재의 강단"[5]이라는 글을 읽었다(또 우연히도, 이 책의 공동 저자가 그 글의 저자였다!). 이 글은 목회자들이 강단에서 하는 말과 서재에서 하는 말 사이의 괴리에 주목했다. 목회자들이 설교할 때는 직설적인 반면, 일대일로 만날 때는 좀 더 부드러워진다는 것이다. 그러면서 베드로가 종들에게 말하는 베드로전서 2장의 다음 본문을 예로 들었다.

---

5) Christopher Ash, "A Pulpit in My Study," *The Briefing*, vol. 206 (1998): 3-4.

"사환들아 범사에 두려워함으로 주인들에게 순종하되 선하고 관용하는 자들에게만 아니라 또한 까다로운 자들에게도 그리하라 부당하게 고난을 받아도 하나님을 생각함으로 슬픔을 참으면 이는 아름다우나 죄가 있어 매를 맞고 참으면 무슨 칭찬이 있으리요 그러나 선을 행함으로 고난을 받고 참으면 이는 하나님 앞에 아름다우니라 이를 위하여 너희가 부르심을 받았으니 그리스도도 너희를 위하여 고난을 받으사 너희에게 본을 끼쳐 그 자취를 따라오게 하려 하셨느니라"(18-21절).

크리스토퍼의 글에 따르면, 목회자 대부분이 직장생활에 대해 설교할 때 이 본문을 든다. 본문 속 사환과 주인의 관계는 오늘날 상사와 부하 직원 관계에 해당한다고 말이다. 따라서 이 본문은 상사에게 부당한 대우를 받을 때 그리스도를 본받아 그런 푸대접을 견딜 준비를 하라고 권면하는 듯하다. 하지만 목회자들의 서재에서는 정반대 상황이 벌어지는 경향이 있다. 목회자들이 신자들을 일대일로 만나 직장의 부당한 대우에 대해 들을 때는 보통 베드로전서 2장이 마음속에 떠오르지 않는다. 상대에게 철저한 경건을 요구하기보다는 깊이 공감해 줄 확률이 높다. 어깨를 감싸 안으면서 그 모든 끔찍한 부당함에 동의한다고 위로의 말을 건네는 것이다. 고난을 받아도 참으라는 베드로전서 2장의 권면을 목회자의 서재에서 들을 확률은 강단에서 들을 확률보다 훨씬 더 낮다.

그런데 마크가 내 서재에 있다. 그 글의 내용과 성경 본문이 머릿속에 떠올랐다. 하나님이 이 순간을 준비하시고 둘의 연관성을 너무 똑똑히 보여 주셔서 도저히 내가 놓칠 수 없도록 하신 것만 같았다. 그래서 신중하면서도 떨리는 마음으로, 마크에게 함께 베드로전서를 살펴보자고 했다. 솔직히 이 본문을 어떻게 이해해야 할지, 이 본문이 그의 특정한 상황에 무엇이라고 말할지 잘 모르겠다고 설명했다. 하지만 하나님이 이 본문을 통해 틀림없이 말씀하실 것이고, 그것이 무엇일지 함께 알아보자고 말했다.

마크가 동의하여 내가 본문을 읽었다. 우리가 함께 말씀을 토론하는 동안 감사하게도 그는 자리를 지키고 앉아 있었다. 마크의 사정을 고려한다면 그것만으로도 성공이었다! 이미 힘들어하는 사람 앞에 그런 도전적인 본문을 제시하는 것만으로도 나는 불편함을 느꼈다. 그의 처지를 충분히 이해하지 못하는 행동 같았다. 그의 어깨를 다독이면서 그가 얼마나 불공정한 상황에 있는지 이야기했다면 내 마음이 한결 편했을 것이다. 마크가 돌아가고 나서도 나는 그 본문이 어떤 영향을 주었을지 확신이 서지 않았다. 교회에서 다시는 그를 보지 못할지도 모른다는 생각이 들었다!

2주 후에 마크에게 안부를 물었다. 놀랍게도 그는 상황이 180도 달라졌다고 말했다. 그 변화의 수단은 우리가 함께 읽은 베드로전서 2장 말씀이었다. 마크는 그때까지 자신의 초점이 온통 상사에게만 맞춰져 있었다고 말했다. 상사가 잘못된 행동을 고치기를 바랐고, 더 합리적인 처우를 바랐으며, 상사가 자신이 한 일을 칭찬해 주고 노력에 보상해 주기를 원했다고 말했다. 그는 상사로부터 제대로 된 대접을 받고자 하는 욕구로 똘똘 뭉쳐 있었다. 하지만 베드로전서 2장 본문을 묵상하는 동안, 하나님이 그의 마음속에서 일하기 시작하셨다. 서서히 다른 욕구가 생겨났다. 그리스도를 따라 살아가면서 하나님을 기쁘시게 하고자 하는 욕망이 솟아났다.

마크는 그때까지 하나님이 가려져 있었다고 고백했다. 그의 눈에는 상사밖에 보이지 않았다. 상사가 그의 시야를 가득 채우고 있었다. 그의 상사는 컸지만, 그의 하나님은 작았다. 거의 눈에 보이지 않을 정도로 작았다. 하지만 하나님의 말씀에 귀를 기울이자 상황이 반전되었다. 이제 그의 하나님은 크고, 그의 상사는 작다. 아니, 정확히 말하자면 적절한 크기로 돌아왔다고 해야 할까?

이제 출근하며 그가 던지는 질문은 "오늘 상사에게서 제대로 된 대우를 받을 수 있을까?"가 아니라 "오늘 내 삶이 주님을 기쁘시게 할 수 있을까?"로 바뀌었다. 이제 그에게는 할 일이 있다. 가치 있는 일 말이다. 상사를 이해할 수 없을 때에도, 아니, 특히 상사를 이해할 수 없을 때에 그에게 할 일이 있다. 그는 그리스도를 닮아 갈 수 있다. 그렇게 그분을 닮아 갈 때 그가 주님을 기쁘시게 하고 있음을 알 수 있다.

하나님을 기쁘시게 하고 싶다는 욕구가 상사의 인정을 받고 싶다는 욕구를 대신했다. 그리고 이것이 엄청난 영향을 미쳤다. 경건한 만족이 부당함에 대한 분노를 대신했고, 그것은 큰 이익이었다 (딤전 6:6).

물론 성경을 펼칠 때마다 매번 이런 결과를 보장할 수는 없다. 내가 이 사례를 생생하게 기억하는 것은 성경의 영향이 굉장히 극적이었기 때문이다. 이것이 이런 상황에서 취할 수 있는 유일한 방법은 아니다. 때로는 직접적인 대면, 심지어는 법적 보상이 현명하고 경건한 행동일 수 있다. 이 사례에서 주목해야 할 중요한 점은 욕구의 변화가 분노를 바꾼 방식이다. 피조물에 대한 욕구를 거두어서 다시 창조주께로 향할 때 우리에게 이런 일이 생긴다.

(덧붙이자면, 나 역시 변화를 불러오는 하나님 말씀의 능력에 대한 유익한 교훈을 얻었다. 내가 그 능력을 매우 의심했을 때조차도 말이다!)

chapter / 20
혼자 해결하는 도전이 아니다
: 새로운 공동체

앞서 7장에서는 분노가 어떻게 사람에게서 사람으로 전파되는지 살펴보았다. 우리가 속한 분노한 군중은 우리에게 그 분노를 전염시킨다. 분노는 전염된다. 분노에는 집단적인 차원이 있어서 우리는 타인에게서 분노를 배우고 따라 하며, 분노의 습관을 취한다. 다른 사람들의 가치관을 보며 우리에게 무엇이 중요한지를 배운다. 우리가 숨 쉬는 이기적인 사회의 분위기로부터 이기적인 분노의 습관을 배운다.

이렇게 우리가 사는 세상으로부터 전염되는 것을 피할 수는 없다. 그러나 새로운 군중에 속할 수는 있다. 우리는 그 군중에 소속되어 깊은 교제를 나누고, 더 나은 삶의 방식을 배운다.

분을 내어도 죄를 짓지 말라는 에베소서 4장 26절 말씀은 무엇보다도 그리스도의 교회에 대한 편지다. 그 몇 절 앞에서 바울은 이렇게 쓴다. "범사에 그에게까지 자랄지라 그는 머리니 곧 그리스도라 그에게서 온 몸이 각 마디를 통하여 도움을 받음으로 연결되고 결합되어 각 지체의 분량대로 역사하여 그 몸을 자라게 하며 사랑 안에서 스스로 세우느니라"(15-16절). 분노를 언급한 구절 바로 앞에서는 "그런즉 거짓을 버리고 각각 그 이웃과 더불어 참된 것을 말하라 이는 우리가 서로 지체가 됨이라"(25절)라고 쓴다.

분노를 고치는 법을 배우는 것은 혼자서 해결해야 하는 도전이 아니다. 공동체 안에서 배울 수 있다. 그리스도의 교회는 우리가 그 안에서 분노의 악한 전염성을 벗어 버리고, 관계를 맺는 새로운 방식을 배우는 새로운 사회가 되어야 한다. 진정으로 가치 있는 것을 서로 배울 수 있어야 한다. 예수님은 산상수훈에서 이 점을 강조하신다. 모욕적인 말과 (제지하지 않으면 살인으로까지 이어지는) 분노에 대해 말씀하신 후, 예수님은 바로 화목하는 것에 대해 말씀하신다 (마 5:21-26). 하나님의 백성은 이기적인 분노와 모욕적인 말, 살인을 벗어 버리고 어린아이처럼 화목을 배워야 한다.

사도행전 19장에 나오는 에베소 폭도나 출애굽 이후 광야에서 불평하는 이스라엘 백성 또는 예수님께 불평하는 제자들 가운데 속했던 내가 그리스도의 몸에 속하게 된다면 어떤 영향을 받을까? 막대한 영향을 받는다. 이제 나는 불평을 전염시키는 동료 집단에 반대하고, 새로운 몸에 소속되어 감사하는 법을 배운다. 우리는 홀로 분노와의 전쟁을 치를 필요가 없다. 건강한 교회는 화해가 좋은 세균처럼 번식하는 일종의 배양접시가 되어야 한다. 교회는 절대 관계가 깨지지 않는 곳, 분노가 없는 곳이 아니다. 그런 곳은 새로운 예루살렘이 임할 때까지 기다려야 한다.

나중에 바울은 에베소 교회에 대해 이렇게 쓸 수밖에 없었다. "그러므로…… 남자들이 분노와 다툼이 없이 거룩한 손을 들어 기도하기를 원하노라"(딤전 2:8). 아마도 이들의 기도 시간에 분노와 다툼이 난무한 경우도 있었던 것 같다. 바울이 고린도 교회에 "사랑은…… 성내지 아니하며"(고전 13:4-5)라고 쓴 것은 당시 그 교회가 죄를 낳는 분노 때문에 갈라져 있었기 때문일 것이다. 바울은 그레데에 있는 디도에게 편지를 보내 그가 임명한 감독들이 "급히 분내지 아니하는지"(딛 1:7) 확인한다. 아마도 일부 감독 후보에게 분노 문제가 있었을 것이다. 분노하는 목회자는 분노하는 교회 분위기를 조성한다. 그래서 교회는 늘 예루살렘과 바벨론이 뒤섞인 상태다. 그럼에도 건강한 교회는 화목을 최우선시하는 장소가 되어야 한다.

실제 사례 2

교회에서 회의하는 장면을 상상해 보자. 제직회일 수도 있고, 정기 총회일 수도 있다. 어떤 회의든 질의응답 시간이 있기 마련이다. 그런데 첫 번째로 나온 질문이 전혀 질문이 아니라면 어떨까? 손을 든 사람이 장황한 서두에 이어 잘못을 늘어놓기 시작한다. 그런데 그 내용이 교회 전체의 전반적인 잘못이 아니라, 담임목사의 구체적인 흠결을 아주 상세하게 나열한 것이다. 발언자는 목회자가 약속해 놓고 지키지 않은 심방과 상담을 언급한다. 이메일을 보냈지만 답신을 받지 못했거나, 비밀 유지를 기대하고 털어놓은 상담 내용이 다른 지도자들에게 공유된 어처구니없는 상황도 있다. 게다가 이 모든 과정에서 의견을 나누거나 상황을 바로잡을 기회가 전혀 없었다고 했다. 목회자에 대한 지적이 끝없이 이어진다. 그러다가 드디어 질문이 나왔을 때는 안도감마저 느낄 지경이다. 하지만 질문마저도 그 목회자가 정말로 교회를 이끌기에 적절한 사람이라고 생각하는지 답해 달라는 요청이다. 질문한 사람의 불평이 사실이든 아니든, 분명한 한 가지는 지금 그가 매우 화가 났다는 것이다.

당연히 좌중에 침묵이 흐른다. 교회 회의에서 이런 경우는 드물다. 이전에 이와 비슷한 일이 있었다고 기억하는 사람은 없을 것이다. 대개 이런 연례 회의에서는 교회 주방기구 수리와 같은 지루한 문의들이 오간다. 조금 더 활발한 분위기라면, 유치부 아이들을 위한 교구 예산을 늘리자는 요구 사항 정도가 나올 뿐이다.

목회자가 답변하려고 마이크를 든다. 두 가지 가능성이 있다. 하나는 그를 고발한 사람처럼 분노를 선택하는 것이다. 거짓된 고발에 화를 낸다. 이렇게 공공연하게 자신의 사역에 의혹을 품은 것에 화를 낸다. 자신의 명성을 먹칠한 것에 화를 낸다. 지금까지 잘 진행되던 회의를 엉망진창으로 만든 것에 화를 낸다.

이 목회자의 분노는 다양하게 표현될 수 있다. 그는 상대가 제기한 문제들에 대한 논의를 일축할 수 있다. 그렇게 무시하면, 금세 불만이 잦아들고 잊혀져서 원래대로 돌아가리라 기대하면서 말이다. "이 장황한 연설에 사실은 아무 근거가 없다는 것을 모두들 이해하실 거라 믿습니다. 저는 거기에 답할 가치가 없다고 생각하기에 답변하지 않을 생각입니다."

반대로 맞불 작전을 펼 수도 있다. 그는 히브리서 13장 17절을 인용하면서 상대가 그렇게 무례한 태도로 자신을 비난한 것에 불같이 화를 낼지도 모른다. "솔직히 말씀드려서, 하나님이 교회 지도자들에게 주신 권위를 존중하라는 분명한 성경의 가르침을 이렇듯 직접적으로 위반했다는 사실에 경악을 금치 못하겠습니다."

나는 그가 분노의 변형된 형태, 곧 비꼬는 투로 말했을 것이라고 짐작한다. 그는 유머가 답변을 피하는 동시에 질문자를 조롱하는 매우 효과적인 방법이라고 생각했을 수도 있다. "글쎄요, 제 사역을 이렇듯 종합적으로 평가해 주셔서 감사합니다. 다음번 연례 평가 때는 잊지 않고 꼭 성도님을 초대하도록 하겠습니다. 지금 당장 답변드리기 어려운 점을 양해해 주시리라 믿습니다. 모 형제님과 달리 저는 모든 사안에 대해 절대적인 지식을 갖추지 못해서 말입니다."

하지만 아마도 가장 흔한 반응은 사무적이고 형식적인 답변일 것이다. 겉으로는 예의를 갖추는 체하지만, 내면의 분노를 감추기에는 역부족이다. "이 자리는 이런 종류의 문제를 제기하기에 적절한 자리가 아님을 모든 분이 이해하시리라 생각합니다. 가능한 한 빠른 시일 내에 이 문제를 다루기 위한 자리를 별도로 마련할 것을 오늘 참석한 모든 분께 약속드립니다. 그때는 다른 교회 지도자들도 모두 모셔서 모 형제님이 제기하신 많은 문제를 제대로 다루고 적절한 답변을 들을 충분한 기회를 드리겠습니다."

우리가 솔직하다면, 이 중에서 어떤 방법으로 반응할지 상상하기는 그리 어렵지 않다. 하지만 그런 반응이 어떻게 성경 말씀과 조화를 이룰 수 있겠는가? 잠언은 "유순한 대답은 분노를 쉬게 한다"(잠 15:1)고 말한다. 예수님은 "너희 원수를 사랑하며 너희를 박해하는 자를 위하여 기도하라"(마 5:44)고 말씀하신다. 우리가 상대방과 자신의 분노에 대해 하나님이 하시는 말씀에 귀를 기울인다면, 무엇이라고 말해야 할까?

어쩌면 가장 먼저 유감을 표해야 할지 모르겠다. "그동안 있었던 일로 인해 상처를 받으셨다니 죄송하게 생각합니다. 우리 교회 목회자들, 그중에서도 특히 제게 부당한 대우를 받았다고 느끼신 점에 대해서도 사과드립니다." 여기에, 다음과 같은 고백을 덧붙일 수도 있다. "제가 여러 면에서 하나님이 원하시는 모습에 미치지 못하는 부족한 목회자라는 것을 잘 압니다. 상황을 정확히 파악하지 못할 때도 많고, 지혜가 부족할 때도 많습니다. 이런 부족함 때문에 형제님이 이렇듯 분노를 표현하게 되셨다면, 정말로 죄송합니다. 아시다시피, 지금은 형제님이 제기하신 사안들에 대해 구체적인 답변을 드리기에 적절한 자리는 아닙니다만, 답변이 꼭 필요한 중요한 문제들을 말씀하셨으니 반드시 답을 드리겠다고 약속합니다. 또한 현시점에서 형제님께 필요한 교회 가족들의 지원과 사랑을 받으실 수 있도록 무슨 일이든 돕고 싶습니다. 괜찮으시다면, 잠시 회의를 멈추고 형제님이 제기하신 문제들을 놓고 기도할 수 있을까요? 함께 하나님의 지혜와 도우심을 간구합시다."

이런 반응을 상상할 수 있겠는가? 만약 그렇다면, 이런 반응은 우리 교회 공동체에 어떤 영향을 미치겠는가? 공동 회의는 교회 문화를 형성한다. 회의에서 우리가 하는 말과 행동, 드러나는 태도가 행동 양식을 결정한다. 이런 행동 양식은 교회의 기성 문화에 도전하거나 그것을 강화할 것이다. 교회 지도자가 화내는 것으로 분노를 관리한다면(겉으로는 예의를 갖추어 그 분노를 애써 가린다 할지라도), 그로써 전 교인에게 분노에 어떻게 대처해야 하는지 메시지를 전하는 것이다. 그것이 우리가 속한 군중의 성격을 정의한다. 그리고 좋든 싫든, 그 군중이 우리를 형성하게 되어 있다.

다른 한편, 지도자들이 우리가 전혀 예상치 못한 반문화적인 방식으로 대응할 때 그 역시 영향을 미칠 것이다. 겸손, 자기 인식, 기꺼이 죄를 인정하는 태도는 우리의 교회 생활에 전혀 다른 행동 양식을 주입하고, 전혀 다른 군중을 만드는 데 도움이 된다. 그리고 우리를 포함한 다른 사람들은 그 군중에 영향을 받는다.

분노와 관련해 우리에게 영향을 미치는 군중의 특징은 무엇인가? 우리 교회는 그리스도를 닮은 행동 양식을 보여 주는가? 아니면 분노의 분위기를 고스란히 담아낸 행동 양식을 보여 주는가? 앞에서 살펴보았듯이, 군중은 우리가 분노를 표현하는 방식에 강력한 영향력을 미친다. 어떤 군중이 우리를 형성하고 있는가?

교회 지도자들에게는 교회 문화를 세워야 할 구체적인 책임이 있다. 그들이 맡은 중요한 역할 때문에 그들은 매우 큰 영향력을 행사하기 때문이다. 그러나 모든 사람이 군중에 속했기에, 우리 모두는 우리가 만드는 문화에 어느 정도 책임을 진다. 각 사람은 자신이 기여하는 바를 고려해야 한다. 교회 생활에서 우리가 맡은 역할이 아무리 미미하더라도 우리에게는 영향력이 있다. 모든 그리스도인 신자는 군중의 성격을 형성하고, 따라서 모든 그리스도인 신자는 군중이 타인에게 미치는 영향력을 형성한다. 우리가 불의에 대처하는 방식, 용서하는 방식, 화해하는 방식, 사과하는 방식, 사소한 짜증에 반응하는 방식, 불평하고 불만하는 방식, 거대한 불의에 대응하는 방식 등 이 모든 경우 각각의 예는 교회를 형성하는 네 도움이 되고, 교회는 다시 모든 교인을 형성한다.

우리가 분노 앞에서 나타내는 경건함은 생각보다 훨씬 더 영향력이 크다. 우리는 얼마나 잘하고 있을까?

chapter / 21

평안히 눕고 잘 수 있다
: 새로운 평화

때로는 분노와 복수하고픈 욕구를 구분하기 힘들다. 그래서 "너희가 친히 원수를 갚지 말고"(롬 12:19)라는 말씀 앞에서 문제에 봉착한다. 부당한 대우를 받으면 복수하고 싶다. 그대로 갚아 주고 싶다. 짜증이 날 때 어떻게 하면 판을 뒤집을 수 있을지 본능적으로 계획하고 상상하기 시작한다. 비수를 꽂는 말을 되받아치거나, 상대의 경력을 깎아내릴 기발한 이메일을 사무실 전체에 돌리거나, 사소한 험담을 퍼뜨리거나, 소셜 미디어를 통해 적을 무너뜨릴 작전을 짠다. 당연히, 그렇게 하고 싶다. 그래서 마음에 평화가 없다. 온갖 계획이 나를 사로잡고 있기 때문이다.

이제부터는 어떻게 그리스도께서 우리에게 새로운 평화를 주시는지 생각해 보자. 그 평화가 우리의 타고난 복수심을 바꾸어 놓는다. 그리스도 안에서 평화를 찾지 못한다면, 복수하려는 욕구는 절대 채워지지 않는다.

드디어 바울의 유명한 명령을 자세히 살펴볼 차례다. "분을 내어도 죄를 짓지 말며 해가 지도록 분을 품지 말고"(엡 4:26).

"분을 내어도 죄를 짓지 말며"로 번역된 문장은 시편 4편 4절 "너희는 떨며 범죄하지 말지어다"에서 인용한 것이다. 이 말씀은 문자적으로 "분을 내고 죄를 짓지 말라"는 뜻으로, 분을 내도 된다는 뜻이 아닌, 우리가 (교회에서 맺는 관계에서조차!) 화를 낼 수 있음을 인정하라는 뜻으로 이해하는 편이 정확하다. 따라서 "분을 내어도 죄를 짓지 말며"라는 바울의 번역은 그 의도를 제대로 파악했다고 생각한다. 여기서 강조점은 죄를 짓지 않는 것이다. 그 점을 이해하려면, 두 가지를 살펴보아야 한다.

첫째, 바울이 추가로 말한 내용을 살펴보자. "해가 지도록 분을 품지 말고." 바울은 우리가 화를 낼 것이라고 말하고 있다. 욕구가 좌절되고, 화를 내고, 흥분하고, 분노가 들끓는 상황이 생길 것이다. 사람들은 각자 내키는 대로 말하고 행동하여 우리를 약 올릴 것이다. 문제는 이것이다. 분노를 어떻게 처리할 것인가? 우선적으로 분노부터 처리하라. 분노가 계속 고여 있게 해서는 안 된다. 오냐오냐하면서 밤새도록 분노를 키워서는 안 된다. 계속해서 분노를 키우면 "마귀에게 틈을 주기"(엡 4:27) 때문이다.

바울의 명령을 제대로 이해하기 위해 두 번째로 살펴보아야 할 곳은 그가 인용한 시편 4편이다. 신약에서 구약을 인용할 때 흔히 그렇듯이, 인용구는 원래의 문맥을 존중한다. 다윗왕은 스트레스를 받는 상황에서 이 시편을 시작하지만(1절, "곤란 중에"), 마지막에는 그런 상황에서도 평안을 찾는다(8절, "내가 평안히 눕고 자기도 하리니"). 이 시편은 해가 지도록 분을 품지 않는 다윗으로 마무리된다. 어떻게 그럴 수 있는가? 주변 상황으로 인해 격분했던 다윗이 어떻게 평안히 잠을 청하게 되는지 궁금하다.

시편에서 흔히 볼 수 있듯이, 다윗은 곤란 중에 있다. 그것도 아주 심각한 곤란 가운데 말이다. 권력을 쥔 사람들이 그의 "영광"을 "욕되게" 해서 그는 괴롭다(2절).[1] 이 영광은 그가 하나님의 기름부음 받은 왕으로서 받은 영광이다. 그런데 그의 영광이 경멸로 바뀐다. 사람들은 그를 말과 행동으로 공격한다. 그가 영광스러운 인물보다는 수치를 당하여 가증스러운 인물이 되기를 바란다. 그들은 하나님이 세우신 왕을 사랑하지는 못할망정, "헛된 일을 좋아하고 거짓을 구하려" 한다(2절). 즉 그들은 통제력을 손에 넣기 원한다. 자신들의 소유와 만족과 명성을 원한다. 지금까지 이 책에서 우리가 관찰한 바로 미루어 보건대, 왕 주변의 분노하는 사람들에 대한 이런 묘사는 놀랄 일이 아니다.

3-5절에서 이 왕이 무어라 말하는지 보자. 첫째, 3절에서 왕은 그들이 무언가를 "알아야" 한다고 말한다. "여호와" 곧 언약의 하나님이 "자기를 위하여 경건한 자", 곧 그분의 언약의 종인 왕을

---

[1] 시편 4편 2절에서 "인생들"로 번역된 단어는 '힘 있고 중요한 사람들'을 뜻한다. ESV의 각주 '지체 높은 사람들'을 보라. 시편 49편 2절과 62편 9절은 같은 단어를 "높은 자"나 "신분이 높은 사람"(새번역)으로 번역한다.

"택하신 줄" 알아야 한다는 것이다. 그들은 이 점을 알아야 한다. 여호와께서 다윗왕에게 기도 응답의 특권을 주신 것을 알아야 한다. "내가 그를 부를 때에 여호와께서 들으시리로다."

따라서 다윗이 분노에 대해 배운 것(4-5절)을 그들도 배워야 한다! 영어성경(NIV)에서 "분노하여도"("In your anger")로 번역된 동사는 히브리어로 "떨다"라는 뜻이다(개역개정 성경도 "떨며"로 번역한다 -역주). 이 말은 온갖 종류의 떨림, 예를 들어 두려움으로 떠는 것까지 포함한다. 하지만 때로는 분노로 떠는 것을 묘사하기도 하는데, 구약성경의 그리스어 번역은 그렇게 해석한다. 바울은 이 그리스어 번역을 인용한다. 왕은 너희가 (분노로) 떨 때는 위험하다고 말한다. 그러니 범죄하지 말지어다. 그 대신 조용히 생각해 보라. 이것이 그가 "자리에 눕는" 이유다. 스스로 마음속으로 생각해 보라. "심중에 말하고 잠잠할지어다"(4절). 그는 옛 언약의 언어를 사용하여, 그들이 "의의 제사"("올바른 제사", 새번역)를 드리고 여호와를 **의지해야** 한다고 덧붙인다(5절). 분노를 다스리는 길은 여호와를 의지하는 것이다.

다윗은 바로 이 신뢰 때문에 평안히 눕고 잘 수 있었다. 예수님도 이 신뢰 때문에 평안히 눕고 주무실 수 있었다. 그분도 비방을 당하셨다. 사람들이 예수님의 영광을 바꾸어 욕되게 했다. 그분의 마음속에 분노가 치밀었다. 하지만 예수님은 분을 내어도 죄를 짓지 않으셨다. 그분도 아버지를 의지해야 한다고 스스로 일깨우며 침묵 가운데 마음을 돌아보셨을 것이다. 2부 내용으로 돌아가면,

예수님은 하나님도 분노하신다고 인정하신 것이다. 그분은 공의로 심판하시는 하나님께 자신을 맡겼다(벧전 2:23). 예수님은 하나님이 자기를 위하여 경건한 자를 택하셨다는 약속을 받고, 그 말씀을 의지하셨다.

하나님을 위해 구별된 왕의 특권은 제자, 곧 그리스도 안에 있는 모든 사람의 특권이기도 하다. 우리도 하나님께 속하기 위해 구별된다. 하나님은 우리가 예수님의 이름으로 기도하면 우리가 부를 때 듣겠다고 약속하신다(엡 2:18). 우리도 화낼 이유는 많다. 가정에서, 결혼생활에서, 교회에서, 이웃에서, 직장에서 비방을 받기도 하고 부당한 대우도 받을 것이다. 그리고 우리도 다윗처럼, 예수님처럼 할 수 있다. 침묵 가운데 마음을 살피고 하나님을, 예수님의 아버지를 새로이 의지하는 법을 배우는 것이다. 그러면 해가 지기 전에 평안히 눕고 잠을 청할 수 있다.

이것이 분노가 죄가 되지 않도록 분노를 처리하는 방법이다.

이런 방법은 백성의 불평불만에 좌절하고 분노한 모세에게 어떤 영향을 미치는가? 여호와께서 그에게 반석을 쳐서 물을 내라고 말씀하실 때 모세는 참지 못하고 반석을 두 번 쳤다(민 20:1-13). 이런 방법은 하나님 앞에 나아가 예수 그리스도께서 주신 평화를 누리는 데 어떤 영향을 미치는가? 막대한 영향을 미친다. 민수기 20장을 보면, 여호와께서는 모세에게 "너희가 나를 믿지 아니하고"(12절)라고 말씀하신다. 이것은 신뢰의 문제다. 우리는 그리스도 안에 있을 때 아버지께 나아갈 수 있다. 예수님의 이름으로 기도할 수 있다. 그리스도 안에 있는 그 평안을 누리고 좌절된 분노의 열기를 가라앉히는 법을 배울 수 있다.

실제 사례 3

톰은 회계학 기말고사를 하루 앞두고 있었다. 그날은 주일이기도 하고 이미 몇 주에 걸쳐 복습을 충분히 한 터라, 시험 준비를 잠시 쉬고 런던 중심가에서 일하는 형을 만나러 갔다. 둘이 함께 스쿼시를 하고 돌아오는 길에 작은 벽돌이 형의 뒤통수를 내리쳤다. 처음에 두 형제는 어느 건물에서 벽돌이 떨어졌을 거라고 생각하고 위를 쳐다봤다. 그런데 반대편에 주차된 트럭 뒤쪽에서 청소년 둘이 슬며시 나타났다. 그 아이들에게 벽돌을 던졌느냐고 당연한 질문을 하자, 곧바로 대치 상황이 이어졌다. 아이들은 그걸 바라고 있었던 것 같다. 형제는 재빨리 몸을 피해 상황을 정리해 보려 했지만, 형은 곧장 얼굴을 얻어맞고 휘청거렸다. 얼굴에 피가 흐르고 멍이 들었다.

결국, 폭행한 아이들에게 분란을 원하지 않는다고 한참 설명한 후에야 둘은 형의 아파트 출입구로 들어갈 수 있었다. 형은 뒤를 돌아보고 아이들에게 이렇게 말했다. "살아 있는 걸 감사해야지." 신생아 중환자실에서 일하는 톰의 형은 갓난아이들이 생명을 유지하려고 고군분투하다가 종종 그 싸움에서 지기도 하는 모습을 날마다 목격했다. 그래서 톰은 형의 그 말이 무슨 뜻인지 정확히 알아차렸다. 생명은 소중하니 너희도 잘 살아야 한다는 뜻이었다. 하지만 이 아이들의 귀에는 전혀 다른 뜻으로 들렸다! 그래서 아이들은 다시 공격하기 시작했고, 둘은 육탄전을 피해 어떻게든 부상을 줄여 보려고 애를 썼다. 동네 술집 손님들이 나와서 경찰이 출동 중이라는 이야기를 한 후에야 싸움은 끝났다. 두 가해자는 황급히 자리를 떠서 길 아래쪽으로 사라졌다.

20년 후, 회계 분야를 떠나 목회자가 된 톰은 마태복음 18장에 나오는 용서하지 않는 종의 비유에 대한 설교를 준비하고 있었다. 예수님은 "주여, 형제가 내게 죄를 범하면 몇 번이나 용서하여 주리이까 일곱 번까지 하오리이까"라는 질문에 대한 답변으로 그 비유를 말씀하셨다. 예수님은 "일곱 번뿐 아니라 일곱 번을 일흔 번까지라도 할지니라"라고 대답하시고는 이어서 이 비유를 말씀하셨다(21-35절).

공교롭게도 톰은 설교를 준비하면서 자기 형제를 공격했던 아이들이 떠올랐다. 사실 톰은 그 사건을 잊은 적이 없다. 오랜 세월이 지났지만, 그날의 사건은 계속해서 마음에 남아 있었다. 문득문득 그 일이 다시 벌어지기라도 하는 듯 마음의 눈으로 생생히 보였다. 형의 뒤통수에 벽돌이 떨어지고, 얼굴에 주먹이 날아오고, 입에서 피가 나는 장면이 말이다. 톰은 자신이 가해자 중 한 사람과 맞붙어 싸우는 장면을 마음속으로 그리면서, 어떻게 상대를 잠시나마 꼼짝 못 하게 제압했는지 떠올리고는 했다. 가끔은 그런 회상 장면에서 자신의 상상력이 멋대로 흘러가도록 내버려 두기도 했다. 그는 다른 결말을 그려 보기도 했다. 자신들이 받은 모욕과 부상에 대해 복수하는 장면을 상상하기 시작했다. 상대를 두들겨 패고 길바닥에 그들의 머리를 박는 것이다.

그런데 그날 톰은 마태복음 18장 설교를 준비하면서, 자신이 그들을 용서해야 한다는 생각을 한 번도 해 본 적이 없음을 깨달았다. 톰은 오히려 그들에게 원한을 품고 있었다. 그들에게 고통을 주고 싶다는 생각뿐이었다. 그들이 저지른 일을 철저하게 되갚아 주고 싶었다. 그런데 이 비유를 통해 예수님은 톰이 이미 용서받은 모든 죄를 그에게 일깨워 주셨다. 톰이 오래전 꼬맹이들 손에 당한 고통과는 비교가 되지 않는 훨씬 더 심각한 죄들이었다. 그러자 갑자기 톰은 '이렇게 큰 용서를 받은 사람이 계속해서 다른 사람들이 벌 받기를 바라다니 나는 얼마나 추한 자인가' 하고 깨닫게 되었다.

게다가 톰이 모르는 것도 많았다. 그 청소년들은 어떤 가정에서 자랐기에 그런 폭력성을 띠게 되었을까? 그들도 비슷한 폭행을 당해서 다른 사람들에게 폭력을 가하고 싶어진 것은 아닐까? 그 순간 톰은 자신이 그런 질문들에 대한 답을 알지 못하고, 앞으로도 영영 알 수 없으리라는 것을 깨달았다. 톰이 아는 것은 이 사실뿐이었다. 하나님이 그에게 복수하는 삶보다는 용서하는 삶을 요청하고 계시다는 사실 말이다.

그래서 톰은 설교하기 전에, 먼저 용서를 선언했다. 톰은 이름 모를 그 아이들에게 악감정을 품지 않겠다고 하나님께 말씀드렸다. 오히려 그들에게 하나님이 복 주시기를 구했다. 이 아이들의 삶에 좋은 것을 달라고 하나님께 간구했다. 가능하다면 그리스도를 아는 가장 큰 복을 달라고 간구했다.

뜻밖에 희한한 일이 생겼다. 그날 이후로 톰은 그 장면을 떠올리지 않게 되었다. 그의 마음속에서 폭행 장면이 재연되지 않았다. 자신이 공격당하거나 반대로 공격하는 장면을 상상하지 않게 되었다. 분노와 비통함을 내려놓자, 하나님이 그날의 심란한 기억을 없애시며 톰의 결단을 지지해 주신 것만 같았다. 톰은 더 분명하고 확신에 찼을 뿐 아니라 더 겸손하게 마태복음 18장 설교를 전했다. 톰은 해결되지 않은 분노가 우리 삶에 큰 오점을 남길 수 있다는 사실을 새로운 방식으로 알게 되었다. 하지만 회개하고 용서할 때는 전혀 다른 흔적을 남길 수 있다는 사실도 알게 되었다. 우리 삶에서 분노의 영향력을 없애는 복음이 만든 흔적을 말이다.

이런 일이 항상 일어나지는 않는다. 용서를 선포하는 순간에 즉시 고통스러운 기억이 사라진다고 보장할 수 없다. 톰의 고통스러운 기억은 비교적 사소한 것이기도 했다. 한 차례 당한 작은 폭력은 수년간 지속되는 고통스러운 학대와는 비교되지 않는다. 그런 종류의 트라우마는 쉽게 사라지기 힘들다. 하지만 톰은 강력한 교훈을 배웠다. 그는 분노를 품고 있는 것이 무엇보다 자신에게 좋지 않다는 점을 알게 되었다. 분노는 고통스러운 기억을 지속시켰고, 그가 그리스도 안에서 받은 용서와는 어울리지 않았다. 톰이 용서하고 하나님께 심판을 맡긴 것은 옳았다. 그것은 항상 옳다. 우리가 기꺼이 그렇게 할 때 그 용서는 하나님의 영이 일하시는 방법이 된다. 성령님은 우리가 마음속에 품고 있는지조차 깨닫지 못하는 분노를 극복하도록 도우신다.

chapter / 22
분노보다 강력한 능력
: 그리스도의 영

"마귀에게 틈을 주지 말라"(엡 4:27). 바울은 신자들에게 분을 내어도 죄를 짓지 말며 해가 지도록 분을 품지 말라고 말한 직후에, 숨어 있는 마귀의 위험에 대해 언급한다. 여기 마귀가 있다. 마귀는 악한 일을 실행에 옮길 기회를 찾고 있다. 분노를 제대로 다루지 못하면 마귀에게 그 기회를 주게 된다. 분노에는 어두운 측면, 심지어 악한 영의 측면이 있다.

어떤 의미에서 마귀는 모든 인간과 창조세계와 모든 선(善)의 적이다. 앞서 보았듯이, 마귀는 살인자요 거짓말쟁이요 거짓의 아비다(요 8:44). 하지만 그중에서도 특히 그리스도께 속한 사람들의 적이다. 사람들이 마귀의 권세 아래서 아무 생각 없이 사는 한에는 마귀가 특별히 그들을 괴롭힐 이유가 없다. 하지만 그들이 어둠의 나라로부터 하나님이 사랑하시는 아들의 나라로 옮긴 날, 마귀는 그들의 적극적인 원수가 된다. 그날부터 우리는 "마귀의 간계"를 대적해야 한다(엡 6:11). 에베소서 6장 10-20절에서 생생하게 묘사된 대로, 그리스도인은 위험하고 어두운 영적 전쟁을 치르고 있다. 마귀는 음모를 꾸미고 있다. 우리가 상대해야 할 어둠의 세상 주관자들과 악의 영들이 있다(11-12절).

요한계시록 12장의 무시무시한 장면에는 용이 등장한다. 자신의 시간이 얼마 남지 않았다는 사실을 알고 분노한 용은 그리스도의 사람들에 맞서 싸우려 한다(17절). 이 분노한 용의 한 가지 목표는 우리의 분노로 우리를 무너뜨리는 것이다.

해결되지 않은 분노는 우리의 삶과 교회와 관계에 있어 마귀에게 틈을 준다. "틈"(엡 4:27)이라는 단어는 어떤 공격에도 끄떡없는 해안 지대를 암시한다. 적에게 발판이나 교두보가 없다면 해안선은 안전하다. 그러나 적이 상륙하여 교두보를 확보하면 위험이 커진다.

해결되지 않은 분노, 자꾸만 곱씹는 분노는 왜 마귀에게 틈을 주게 될까? 바울은 고린도후서 2장에서 비슷한 방식으로 이 문제를 다룬다. 어떤 사람이 죄를 지어서 교회의 징계가 불가피했다. 그는 교회를 "근심하게"(5절) 하여 벌을 받았다(6절). 그런데 교회가 그를 용서하고 회복시키지 않으면 그는 "너무 많은 근심에 잠기게"(7절) 된다. 교회가 사탄의 계책에 스스로를 노출시키는 셈이다(11절). 은혜를 거절하는 것보다 사탄이 더 좋아하는 것은 없다. 이는 회개하지 않아서일 수도 있고, 뉘우치는 사람을 용서하지 않아서일 수도 있다. 관계는 죄로 인해 깨지기도 하지만, 용서하지 않아서 깨지기도 한다.

이것은 영적 전투다. 아무리 지혜롭고 배려하는 말이라도, 말만으로는 영적 전투에서 이길 수 없다. 그래서 우리에게는 새로운 능력, 곧 새로운 영이 필요하다.

앞서 3장에서 분노의 위험하고 파괴적인 힘을 살펴보았다. 분노는 타오르는 불과 같아서 때로는 주체할 수 없는 힘으로 폭발한다. 분노가 얼마나 강력한지, 상상력과 정서와 신체까지 장악한다. 세상의 분노 조절법에는 장점이 많지만, 한 가지 큰 단점이 있다. 어느 시점에 가서는 그 막대한 분노를 직접 대면해야 하는데, 분노 조절법만으로는 그 강력한 힘을 당할 수가 없다.

분노로 끓어오를 때는 아무리 좋은 조언을 들어도 소용이 없다. 사람들은 내게 온갖 종류의 조언을 줄 수 있고 하나같이 훌륭한 조언들이겠지만, 나는 들으려 하지 않을 것이고 듣지도 못할 것이다. 마치 술 취한 사람과 비슷하다. 술이나 약에 취한 사람을 논리적으로 설득하려 해 봐야 아무 소용이 없다. 마찬가지로, 분노로 들끓는 사람을 타이르려고 해 봐야 시간 낭비일 뿐이다.

우리에게는 분노보다 더 강력한 힘이 필요하다. 우리를 노예 삼는 죄의 권세를 극복할 수 있도록 인간 내면에서 작용하는 능력이 말이다. '마음 챙김'을 비롯한 여타 불교의 접근법들은 분노의 악한 능력에 맞설 때 아무 힘을 발휘하지 못할 것이다.

오로지 한 가지 능력만이 내 마음을 사로잡은 분노라는 괴력을 극복할 수 있다. 바로 내 마음속에 거하시는 하나님의 영의 능력이다. 우리는 그리스도의 영인 성령님을 의지해야 한다.

바울은 에베소서에서 반복해서 성령님에 대해 쓴다. 성령님은 우리 기업의 보증이시다(엡 1:13-14). 성령님이 우리가 하나님을 알게 하신다(17절). 성령님이 우리 속사람을 능력으로 강건하게 하셔서 그리스도께서 우리 마음에 거하게 하신다(엡 3:16-17). 바울은 분을 내어도 죄를 짓지 말라고 경고한 후에 이렇게 쓴다. "하나님의 성령을 근심하게 하지 말라 그 안에서 너희가 구원의 날까지 인치심을 받았느니라 너희는 모든 악독과 노함과 분냄과 떠드는 것과 비방하는 것을 모든 악의와 함께 버리고"(엡 4:30-31).

악독과 노함과 분냄 등을 버리라는 명령이 우리가 인치심을 받은 하나님의 성령을 근심하게 하지 말라는 말씀 바로 뒤에 오는 것은 우연이 아니다. 악독과 노함과 분냄은 마음에 작용하는 매우 강력한 힘이다. 그 어떤 인간의 능력도 그것들을 길들일 수 없다. 그 어떤 상담이나 지혜, 조언이나 애정 어린 보살핌도 노함과 분냄의 끔찍한 힘을 다스리지 못한다. 성령님만이 그 일을 하실 수 있다. 성령님의 능력만이 분노라는 악한 세력을 다스리실 수 있다. 성령님만이 이 능력이 있어서 하나님의 인격적인 임재와 능력을 우리 마음에 주신다. 바울은 갈라디아서 5장의 유명한 단락에서 이와 똑같은 방식으로 말하는데, "원수 맺는 것과 분쟁과 시기와 분냄"

은 "육체의 일"(19-21절)이라고 언급한 다음에 "성령의 열매"(16-26절)에 대해 말한다.

그리스도의 영은 우리가 3장에서 살펴본 구약성경에 나오는 파괴적인 분노의 예들에 어떤 영향을 미칠 수 있을까? 성령님은 막대한 영향을 미치실 수 있다. 그러므로 우리는 영적 전투를 알아차리고 우리 자신과 우리가 도우려는 사람들을 위해 기도해야 한다. 아버지 하나님 앞에 무릎을 꿇고 성령님의 초자연적인 사역을 구하며, 분노의 막대한 힘을 기억하고, 이것은 어떠한 인간의 전략으로도 부족하다는 사실을 알아야 한다. 그러나 그리스도의 영이 어떤 이의 삶에 일하시면 그 삶은 정말로 변할 수 있다는 사실도 믿어야 한다.

다소의 사울은 분노가 많은 사람이었지만, 예수님의 영이 그의 마음에 찾아가시자 그는 변하기 시작했다. 그는 부드러워졌고, 분노의 힘을 누그러뜨리는 법을 알게 되었다. 오늘날 우리에게도 그런 일은 얼마든지 가능하다.

음악과 성령님

성령님에 대해 생각하면서, 나는 관련된 문제를 한 가지 언급하고 싶다. 바로 음악이 분노에 미치는 영향이다. 에베소서 5장 18-19절에서 바울은 "오직 성령으로 충만함을 받으라 시와 찬송과 신령한 노래들로 서로 화답하며 너희의 마음으로 주께 노래하며 찬송하며"라고 말한다. "시와 찬송과 신령한 노래들"은 노래를 가리키는 세 가지 방법일 텐데 모두가 영적인 노래, 그중에서도 특히 구약성경의 시편을 말할 것이다. 하지만 핵심은, 영으로 노래하는 것(특히 시편)과 성령 충만 사이에 상관관계가 있다는 것이다. 이 노래들이 성령 충만에서 흘러나오는 것인지, 아니면 하나님이 이 노래들을 수단으로 성령 충만케 하시는 것인지 확실하지 않다. 하지만 둘 사이에는 틀림없이 상관관계가 있다.

옛 언약의 맥락 안에 있는 사무엘상 16장에서 이와 같은 연관성을 볼 수 있다. 16장 초반에 사무엘 선지자가 다윗에게 기름을 붓자 여호와의 영이 다윗에게 임하신다(13절). 16장 후반에 사울은 악령으로 번뇌하며 괴로워한다. 그런데 다윗이 사울을 위해 수금을 탈 때면(내 생각에는 노래도 불렀을 것 같다), 그의 괴로움이 잠시나마 잦아든다. 하나님의 영에 감동된 다윗이 악령에 사로잡힌 사울에게 노래를 불러 주면, 악령으로 인한 고통이 누그러진다. 물론 항상 효과가 있지는 않다. 사무엘상 19장 9-10절을 보면, 악령이 임한 사울을 위해 수금을 타는 다윗에게 사울이 창을 던진다! 그러니 노래가 무조건 악령을 잠재우는 것은 아니다.

하지만 음악과 성령 충만의 연관성은 한 번쯤 생각해 볼 만하다. 롭 스미스(Rob Smith)는 영화 "오즈의 마법사"(*The Wizard of Oz*) 삽입곡의 가사를 쓴 입 하버그(Yip Harburg)의 멋진 말을 인용한다.

가사는 생각하게 하고

음악은 느끼게 하고

노래는 생각을 느끼게 한다.[1]

그의 표현이 마음에 쏙 든다. 노래는 생각을 느끼게 도와준다. 생각과 감정을 묶어 준다. 물론 사람을 속이거나 해를 끼칠 수도 있다. 가사에 따라 다르다. 하지만 그 가사가 성령님이 주신 단어라면, 그것이 시편이라면, 이를 노래하는 것은 그 내용을 생각할 뿐 아니라 느끼는 데도 도움이 된다. 롭 스미스는 그 점을 다음과 같이 표현했다.

> 노래는 우리가 인간 됨의 정서적 차원을 경험하도록 도와줄 뿐 아니라…… 진실을 노래하는 것은 실재의 정서적 차원을 경험하도록, 그렇게 해서 인지적 지식과 경험적 지식의 간극을 메우도록 돕는다.[2]

분명히 해 두자. 나는 음악 자체의 효과를 이야기하는 것이 아니다. 음악에는 사람을 누그러뜨리는 힘이 있지만, 여기서는 반주에 맞추어 하나님의 말씀을 노래하는 것, 특히 시편을 노래하는 것을

---

1) Rob Smith, "Music, Singing, and the Emotions: Exploring the Connections," in *True Feelings*, Michael P. Jensen 편집 (Nottingham: IVP Apollos, 2012), 261.
2) Smith, "Music, Singing, and the Emotions," 261.

말하는 것이다. 하나님의 백성과 함께 하나님 말씀을 노래할 때 분노한 마음이 잠잠해진 사람이 내가 처음은 아닐 것이다.

실제 사례 4

가족 간 갈등이 얼마나 끔찍한 악영향을 미치는지 많은 사람이 경험으로 잘 알 것이다. 가족 싸움의 비극은 쉽게 지워지지 않는다. 슬프게도 그런 충돌은 빈번히 세대를 걸쳐 계속된다. 가족이 아닌 비슷한 상황이라면, 문제 초기에 관계를 끊는 것으로 단순하게 마무리될 수도 있을 것이다. 우정은 단절되겠지만 상처와 분노의 기억은 서서히 사라진다. 화해하지 못할 수도 있고, 그런 의미에서 다툼은 절대 해결되지 않겠지만, 분노의 강도와 그 분노가 낳은 해로운 영향력은 점차 사라질 것이다.

가족끼리는 그런 결과가 훨씬 더 힘들 수 있다. 가족을 묶는 강한 연대 때문에 관계를 무작정 끊을 수 없기 때문이다. 출생과 사망, 결혼식과 장례식 등 가족이 함께 지켜야 할 다양한 통과 의례가 있고, 그런 모임 때마다 오래된 상처라는 주제가 다시 한번 등장하기 마련이다. 두 종류의 관계 중에 최악의 단점만 합쳐 놓은 꼴이다. 원한을 유지할 만큼은 자주 만나지만, 실제로 해결책을 강구할 만큼은 자주 만나지 않는 관계.

어머니가 돌아가신 후, 아버지의 재혼을 반대한 딸이 있다. 딸이 격한 슬픔 가운데 내뱉은 말들이 새어머니의 기억에 고스란히 남는다. 새어머니는 남편의 절대적인 충성을 차지하고, 그 인생에서 딸을 지우라고 주장한다. 20년 후에 남편이 죽을 때까지 이 새어머니는 가족 싸움을 계속한다. 딸에게 아버지의 죽음을 알리지도 않는다. 딸은 아버지의 장례식에 참석하지 못한다.

아들의 결혼을 죽자 살자 반대하는 어머니가 있다. 어머니는 아들이 고른 며느릿감이 많이 부족하다고 생각한다. 그래도 아들이 헤어질 생각이 없자, 어머니는 격분한다. 어머니는 결혼식에 참석하지 않겠다고 선언하고, 남편에게도 그렇게 하라고 이야기한다. 아들이 아무리 사정해도 소용이 없고, 어머니는 뜻을 굽히지 않는다. 결국 신랑 부모가 불참한 채 결혼식이 진행된다. 6년 후에도 분노는 사그라지지 않는다. 아들은 가끔 아버지를 만나러 가지만, 어머니는 절대 아들을 만나 주지 않는다. 그때까지도 어머니는 아들과 단 한마디도 나누지 않았다. 아들이 첫 손자를 낳았지만 달라지는 건 없었다. 갈등은 조금도 수그러들지 않고 계속된다.

가족 싸움이 수십 년간 지속될 때는 출구를 찾기가 너무 어렵다. 자신의 분노가 정당하다는 생각이 너무 깊이 박혀 있고 어그러진 관계가 뿌리 깊어서, 문제를 해결할 실마리를 도저히 찾을 수 없을 것만 같다.

물론, 그런 비극적인 상황을 두고 할 말은 많다. 상식에 호소할 수도 있고("피해를 보는 건 너밖에 없어"), 자신의 유익에 호소할 수도 있다("그렇게 큰 분노에 사로잡혀 있는 건 너한테 좋지 않아"). 좋은 명성을 유지하고 싶은 욕구에 호소할 수도 있다("네가 솔선수범해서 이 상황을 정리한다면, 사람들이 얼마나 감동할지 생각해 봐"). 그리고 이런 전략들은 어느 정도 효과가 있을지도 모른다. 그러나 어느 것도 가족 싸움에 연루된 이들을 그들 스스로 정의한 위대함의 자리에서 끌어내릴 수는 없다. 그들은 자신만이 상황의 진실을 안다고, 자신만이 옳다고, 자신만이 그 오랜 세월 키워 온 불만을 유지할 정당성이 있다고 확신한다.

성령님의 능력은 이들을 전혀 다른 방향으로 인도할 것이다. 하나님의 영께만 인간의 완악한 마음속에 있는 영적 강퍅함을 깨뜨릴 능력이 있다. 그리스도인은 그런 끔찍한 가족 싸움 앞에서 기도할 수 있다. 하나님께 그분의 영을 보내 달라고 간구할 수 있다. 성령님께는 사람들로 영적인 눈을 뜨게 하셔서 회개하고 화해의 말을 하게 하시는 능력이 있다. 그런 장면을 상상하지 못하겠다면, 성령님의 능력을 잊어버렸기 때문이다.

이렇게 오래 지속되는 가족 싸움은 마귀를 드높인다. 사람을 속이고 죽이는 마귀의 방법이 사람들을 장악했다. 새로운 영적인 힘과 능력을 통해 우리는 그 출구를 찾을 수 있다.

chapter / 23

모든 것을 빚진 자
: 새로운 겸손

바울은 성령 충만한 에베소 성도들에게 "너희는 모든 악독과 노함과 분냄과 떠드는 것과 비방하는 것을 모든 악의와 함께 버리고"(엡 4:31)라고 권면한 직후, "서로 친절하게 하며 불쌍히 여기며 서로 용서하기를 하나님이 그리스도 안에서 너희를 용서하심과 같이 하라"(32절)고 쓴다.

자기 의가 분노를 악화시킨다는 사실은 5장에서 살펴보았다. 나는 거드름을 피운다. 내가 옳고 다른 사람은 모두 틀렸다고 확신하기 때문이다. 나는 화낼 자격이 있다고 확신한다. 그렇다면 자기 의에 빠진 분노의 해결책은 무엇인가? 답은 매우 겸손해져야 한다는 것이다.

내가 옳고 상대에게 죄가 있다고 확신할 때는 절대로 남을 용서하지 않을 것이다. 그렇게 용서하지 않을 때 파괴적인 분노가 내 가까이에 있다. 바울은 "하나님이 그리스도 안에서 너희를 용서하심과 같이" 용서하라고 말한다. 이 대목에서 분노가 솟아오른다. 이론적으로는 내게 용서가 필요하다는 것을 알지만, 자기 의로 가득한 분노에 빠져 있을 때는 내게 용서가 필요하다는 사실이 안중에도 없다. 나는 용서받을 필요가 없다고 생각한다. '당연하지! 용서가 필요한 건 내가 아니라 그 사람들인데, 난 그들을 용서할 마음이 없다고!'

차마 그 말을 입 밖으로 꺼내지는 못해도 다들 그렇게 느낀다. 당신과 나 그리고 분노 문제로 우리를 찾아오는 사람들에게는 새로운 겸손이 필요하다. 내가 분노에 사로잡혔을 때 용서란 마음속에서 가장 마지막에 떠오르는 단어다. 당신이 내게 용서해야 한다고 말한다면, 나는 버럭 화를 내며 말폭탄을 쏟아부을 것이다. 내가 왜 화를 내고, 왜 화내는 게 정당한지, 내가 왜 용서하지 않는지, 왜 용서하지 않는 게 정당한지 등을 말이다.

그러면 어떻게 그것을 바꿀 수 있을까? 나더러 좋은 사람이 되라고 권하는 것은 별 소용이 없다. 오히려 역설적으로, 내가 얼마나 심하게 타락했는지를 설득할 수 있다면, 하나님이 당신을 사용하셔서 내 죄가 얼마나 심각한지를 판결하게 하신다면, 나를 바꿀 수 있을 것이다. 하나님이 내 안에 역사하셔서 내 죄를 깊이 이해하고 느끼게 하시며 이 끔찍한 죄의 짐을 용서받았다는 사실을 이해하고 느끼게 하신다면, 내게 잘못한 사람을 용서할 수 있는 문이 열릴 것이다.

예수님은 마태복음 18장 21-35절에서 온전한 능력으로 이를 가르치시는데, 우리가 잘 아는 이야기다. 누가복음의 병행 본문(눅 17:3-4)을 보면, 예수님은 용서에 대해 묻는 베드로에게 회개하는 사람은 몇 번이든 용서해야 한다고, 용서에 제한이 없어야 한다고 말씀하신다. 하지만 어떻게 그런 일이 가능한가? 예수님이 들려주신 이야기에 답이 있는데, 그 답은 매우 의외다. 이 이야기의 핵심은 용서받은 종이 그 왕에게 탕감받은 것과, 용서받은 종이 그 동료에게 탕감해 주지 않은 것의 차이다.

그 종이 탕감해 주지 않은 동료의 빚은 백 데나리온이다. 포도원 품꾼 비유를 보면(마 20:2), 한 데나리온은 하루치 평균 임금이라는 것을 알 수 있다. 그렇다면 백 데나리온은 백 일 치에 해당하는 임금이다. 적지 않은 금액이다. 오늘날로 치면 1,700만 원쯤 될 것이다. 예수님은 하찮은 죄는 그냥 용서하라고 말씀하시는 것이 아니다. 어떤 심각한 범행이 우리 마음에 분노를 일으킬 수 있다. 어린 시절의 지독한 학대나 끔찍한 범죄가 분노의 원인일 수 있다. 예수님은 "별것도 아닌 일에 요란 피우지 말라."는 식으로 범죄를 하찮게 여기지 않으신다. 전혀 그렇지 않다. 범죄는 큰 빚이다.

핵심은 이것이다. 마태복음 18장에서 주인이 종에게 탕감해 준 빚은 "만 달란트"(24절)이다. 만 달란트는 얼마나 큰 돈일까? 당시 갈릴리, 베레아, 유다, 사마리아의 연간 총 세입은 약 800달란트였다. 따라서 종이 왕에게 진 빚은 나라 전체에 유통되는 돈의 총액을 훌쩍 뛰어넘는다. "만"은 그리스어에서 가장 큰 숫자이고, 달란트는 가장 큰 통화 단위였다. 그러니 그가 왕에게 진 빚은 천문학적인 금액이었다. 왕이 말한다.

"지갑을 꺼내 돈을 갚게. 오늘이 결제일이네."

"죄송합니다, 폐하. 지금은 돈을 갚기 어렵습니다."

"흠, 그러면 네 아내와 자식들을 종으로 팔아야 할 것이다."

그랬더라도 큰 도움은 되지 않았을 것이다. 그 당시 가장 비싼 노예가 고작 1달란트에 불과했고, 대개는 거기에도 미치지 못했다. 그러니 주인에게는 아직 9,999달란트 넘게 돈이 모자랐다. 종은 주인 앞에 무릎을 꿇고 애원한다. "참아 주십시오. (말도 안 되지만) 제가 다 갚겠습니다." 종이 빚을 다 갚기란 불가능하다! 그런데 뜻밖에 주인이 이렇게 말한다.

"좋다. 빚 걱정은 하지 말거라. 너는 이제 자유다. 해방이다. 내가 너를 용서했다"(27절).

이 이야기의 핵심은 우리가 용서해야 할 타인의 죄가 얼마나 사소한지 보라는 것이 아니다. 누가 우리에게 무슨 일을 저질렀든(그것이 아무리 끔찍한 일이라 해도) 하늘 아버지가 그리스도 안에서 탕감해 주신 빚이 훨씬 더 크다는 사실을 이해하라는 것이다.

우리는 한없이 겸손해져야 한다. 우리가 하나님께 진 빚을 도저히 다 갚을 수 없다는 사실을 확실히 이해할 때 그 일이 가능해진다. 남에게 크게 상처받았을 수 있다. 그것도 같은 그리스도인에게서 말이다. 결혼생활에서 남모르는 고통이 있을 수 있다. 어린 시절 부모에게 상처받았을 수 있다. 한 친구의 어머니는 대놓고 습관적으로 그녀를 거부했는데, 그런 거절감이 그녀의 정체성을 형성했다. 그것은 절대 사소한 빚이 아니다. 부모의 사랑을 거부한 자녀로 인해 상처받은 부모도 있을 것이다. 그 상처가 얼마나 아픈지는 하나님만 아신다. 그러니 지금 우리는 사소한 빚이나 가벼운 상처, 중요하지 않은 잘못이나 아픔에 대해 말하는 것이 아니다. 인간의 폐부를 찌르는 문제들에 대해 이야기하고 있다. 우리는 그런 상처들을 용서할 수도 없고, 용서하지도 않을 것이다. 이 비유의 논리를 이해하지 못한다면 말이다.

우리가 용서하려면, 성령님의 능력으로 다음 사실을 뼛속 깊이 느껴야 한다. 우리가 얼마나 큰 피해를 입었든지 하나님 보시기에는 우리가 그분께 수천 배 더 상처를 주었다. 우리가 하나님께 죄를 지은 만큼 우리에게 죄를 지을 사람은 아무도 없다. 우리가 하나님께 드린 고통만큼 우리에게 고통을 줄 사람도 아무도 없다.

우리의 문제는 백 데나리온을 탕감할 정도의 용서를 우리 내면에서 끄집어낼 수 없다는 사실이 아니다. 자신이 만 달란트를 용서받은 자임을 믿지 못하는 것이다. 그 사실을 정말로 이해할 때만이 다른 사람을 향한 용서의 문이 열린다.

우리는 자신이 온 우주의 왕께 도저히 갚을 길 없는 천문학적인 액수의 빚을 졌다는 이야기를 들어야 한다. 나는 피해자일 수 있지만, 동시에 죄인이기도 하다. 내 의식 속에 내가 피해자이고 부당한 대우를 받아 괴롭다는 생각만 가득하다면, 내게는 누구에게도 내키지 않을 일을 나를 위해 해 줄 사람이 필요하다. 내가 피해자이기보다는 가해자라는 사실을 알려 줄 사람이 말이다.

이 세상을 창조하신 하나님은 내게 모든 것을 주셨다. 내가 잉태되고 태어난 것은 그분의 선물이다. 내 모든 호흡과 심장박동도 그분의 선물이다. 내가 먹는 모든 음식과 마시는 물도 그분의 선물이다. 내가 입은 옷도, 내가 가진 재능도 그분의 선물이다. 내 머리 위 지붕도 그분의 선물이다. 나를 사랑하고 보살펴 준 모든 사람도 그분의 선물이다. 내게 즐거움이나 위로나 기쁨을 준 모든 순간도 그분의 선물이다. 그런데 나는 본성을 따라 이 선물들을 그분의 얼굴에 던져 버린다.

나는 본능적으로 하나님의 선하심에 시시각각 감사와 찬양을 드리는가? 하나님의 놀라우신 사랑을 끊임없이 찬양하는 것이 내게 자연스러운가? 나는 하나님의 얼굴을 구하는가? 하나님과 동행하기를 갈망하는가? 마음과 정성과 힘과 뜻을 다해 하나님을 사랑하고, 그분의 길을 충실하게 걷기를 다른 무엇보다 원하는가? 하나님이 주신 좋은 것(돈, 시간, 사랑, 힘)을 이웃의 유익을 위해 끊임없이 사용하는 것이 나의 본능이며 천성인가? 이런 갈망이 너무 커서 자신을 위해 사치품이나 재물을 쌓지 않고 너그럽게 나누는가? 마음을 다해 하나님을 사랑하고, 이웃을 내 몸처럼 사랑하는가?

아니다. 핵심은 이것이다. 나는 하나님의 선하심에 모든 것을 빚진 자로서 살아가는 모든 순간에 하나님을 전심으로 사랑하지 않고 이웃을 내 몸처럼 사랑하지 않는다면, 이는 마땅히 격분해야 할 일이다. 우리가 하나님께 얼마나 큰 빚을 졌는지 헤아릴 수조차 없다. 그 빚의 가치는 우리 목숨보다 크고, 세상에 유통되는 모든 통화보다 크다. 망가진 세상만큼이나 큰 부채다.

우리는 알아야 한다. 형제나 자매가 내게 진 빚이 얼마나 크고 그들이 내게 준 상처가 얼마나 깊든(이 빚이 가볍다고 말하는 것이 아니다), 내가 탕감받은 빚이 수백 배 더 크며, 예수님이 날 위해 감당하신 상처가 무한히 더 깊다. 예수님의 복음 가운데 경험한 이 깊은 겸손이 우리의 자기 의를 고칠 것이다. 자기 의는 우리 분노를 둘러싸고 보호하면서 우리의 분노가 정당하다고 설득하고, 우리의 분노를 제대로 다루지 못하게 막는다.

실제 사례 5

부당한 비판을 받는 경험만큼 화를 돋우는 일도 없다. 사실이 아닌 일로 비난을 받는 것처럼 말이다. 수지는 그런 일을 당한 적이 있다. 직장 동료 토니가 프로젝트 실패에 대한 책임이 수지에게 있다고 확신하고, 관심 가질 만한 사람들에게 그의 의견을 말하고 다녔다. 프로젝트가 실패한 것은 맞았다. 그래서 업무가 조금 더 늘었고, 적지 않은 팀 보너스가 날아갔다.

하지만 일의 진행이 늦어진 진짜 사정은 그룹 내 다른 직원의 건강 문제 때문이었다. 토니는 그 사실을 몰랐지만, 그룹의 상급 관리자인 수지는 파악하고 있었고, 그 문제가 프로젝트에 어떤 결정적인 영향을 미쳤는지도 알았다. 그러나 수지는 입도 뻥끗할 수 없었다. 그의 건강 문제는 기밀 사항이었고, 그에 대해 떠드는 것은 옳지도 않고 남을 배려하는 일도 아니었다. 수지는 진짜 이유를 함구하고 모호하게 둘러댈 수밖에 없었는데, 이는 수지가 책임져야 한다는 토니의 주장에 힘을 실었다.

수지는 사람들의 오해를 느낄 뿐 아니라, 부당한 비방에 몹시 화가 났다. 토니에게 짜증이 날수록 일을 제대로 하기가 더 어려웠다. 수지는 궁지에 몰린 느낌이었다. 토니의 잘못된 비난에 화가 났고, 동료들이 토니 편을 드는 모습에 상처받았다.

수지는 그리스도인이기에 자신의 분노를 하나님 앞에 가져가려고 애썼다. 수지는 이런 일들을 대수롭지 않게 여기게 해 달라고 기도했다. 예수님이 당하신 부당한 고난을 기억하고, 예수님을 닮아가는 삶에 새롭게 헌신할 수 있도록 도와달라고 간구했다. 토니가 자신을 찾아올 때 발끈하지 않고, 하나님이 도와주셔서 그를 사랑할 수 있게 해 달라고 기도했다. 하지만 아무것도 도움이 되지 않는 듯했다. 그녀는 계속해서 부당한 취급을 받는다고 느꼈고, 옳은 일을 하려고 애썼는데도 이런 대접을 받는 것이 불공평하다고 확신했다.

그 무렵에 이사야 64장 설교를 들었다. 우리의 의로운 행위가 모두 더러운 옷과 같다는 말씀이었다. 수지는 직장의 상황이 실제로는 그녀의 자기 의를 키우고 있을지도 모른다는 생각에 귀를 기울여 들었다. 한 가지 말씀이 정곡을 찔렀다. 자신이 부당한 대우를 받고 있다는 느낌과 그 결과로 품게 된 억울함에 관한 말씀이었다. 설교자는 그런 상황에서 자신이 어떻게 하는지 나누었다. 그는 자신을 겨냥한 상대의 비판이 부당하고 거짓이라 하더라도, 자기 삶에는 그런 비판을 받을 만한 다른 문제가 여전히 많다는 점을 일깨운다고 말했다. 어떤 특정한 고발은 불공평하고 부당하지만, 우리의 기본 전제는 그렇지 않다. 우리는 죄인이고, 지금까지 살면서 비난받을 일을 많이 저질렀다. 우리는 예수님처럼 완벽하게 의로운데 부당한 정죄를 받는 것이 아니다. 우리는 틀림없는 죄인이지만, 우리를 고발한 사람이 엉뚱한 죄목을 골랐을 뿐이다!

이 생각은 수지의 눈을 열고 가슴을 쳤다. 자신이 느끼는 많은 분노와 억울함이 자기 의에서 비롯되었다는 사실이 조금씩 분명해졌다. 수지는 스스로 완벽한 사람이라고 생각했기에 무슨 일에서든 실수하는 것을 굉장히 싫어했다. 그래서 부당한 비판을 받았을 때 그녀는 온 몸으로 그것을 거부했다. 자신이 만든 완벽한 이미지가 무너질 위기에 처한 것을 견딜 수 없었다.

하나님은 이 말씀을 통해 수지의 분노 배후에 있는 교만한 자기 의가 얼마나 큰지 드러내셨다. 수지는 불의에 분노한 것이 아니었다. 사람들이 하나님의 법을 어기거나 약자를 학대하기 때문에 분노한 것이 아니었다. 자신에게 소중한 것, 자신의 완벽한 이미지가 공격받을까 봐 분노했다.

하지만 수지는 실제로 완벽과는 거리가 멀었고, 앞으로도 이 땅에 사는 동안에는 절대 완벽하지 못할 것이다. 오히려 자만심으로 똘똘 뭉쳐 있을 뿐이다. 요 몇 달간, 수지는 자신의 분노 때문에 하나님이나 이웃에게 사랑을 베풀지 못했다. 자기 문제에 너무 빠져서 건강 문제가 있었던 동료도 제대로 챙기지 못했다. 동료들의 걱정에도 귀를 기울이지 못했고, 적절한 피드백과 격려도 전달하지 못했다. 자기 자신과 자신의 분노에만 온통 파묻혀 있었다.

이렇게 자신의 허물을 깨달은 수지는 다시 외부로 관심을 돌리기 시작했다. 자신의 죄 때문이 아니라, 그 죄를 해결한 놀라운 구원으로 인해 새로이 겸손해졌다. 그렇다고 해서 모든 문제가 한꺼번에 사라지지는 않았다. 토니는 지금도 동료들에게 수지의 험담을 하는데, 그런 말이 수지에게 별문제가 되지 않는다는 사실을 알고 나서는 흥미를 잃어버린 듯했다.

한때 분노로 가득했던 기도가 이제는 감사로 충만해졌다는 사실이 중요했다. 수지는 자신이 죄인임을 깨달았다. 복음이 다시 한번 은혜의 능력으로 말씀하셨다. 그걸로 됐다.

chapter / 24
사랑만이 분노를 정화한다
: '그리스도'라는 사랑

분노의 여섯 가지 문제 중 마지막 요인은 순수하지 못한 동기다. 우리의 분노가 아무리 의롭다고 해도 죄에 물들어 있기 마련이다. 이 땅에서 순수한 의분을 보여 주신 분은 예수님뿐이다. 예수님만이 전적으로 순전한 마음에서 화를 내셨기 때문이다. 우리에게 필요한 것은 새로운 사랑, 그리스도께서 우리에게 주고 빚으신 사랑이다. 바울은 분을 내어도 죄를 짓지 말라고 권면했던 에베소 신자들에게 이렇게 쓴다. "그러므로 사랑을 받는 자녀 같이 너희는 하나님을 본받는 자가 되고 그리스도께서 너희를 사랑하신 것 같이 너희도 사랑 가운데서 행하라 그는 우리를 위하여 자신을 버리사 향기로운 제물과 희생제물로 하나님께 드리셨느니라"(엡 5:1-2).

사랑만이 분노를 정화할 수 있다. 세상의 분노 조절법이 줄 수 없는 것을 그리스도께서 우리에게 주신다. 무엇을 말인가? 바로 그분 자신을, 사랑을 주신다. 우리를 사랑받는 자녀 삼으신 아버지의 사랑을 주신다. 예수님은 그분의 사랑을 주신다. 예수님이 십자가에서 우리 죄의 대가를 지불하려고 대속의 희생제물로 자신을 드리셨을 때 그 사랑을 우리에게 쏟아부으셨다. 이 그리스도의 사랑만이 "성내지 않는다"(고전 13:5). 인간의 타고난 사랑은 그와는 거리가 멀다.

사도 바울은 앞서 에베소서 3장 16-19절에서 다음과 같이 기도했다. "그의 성령으로 말미암아…… 믿음으로 말미암아 그리스도께서 너희 마음에 계시게 하시옵고 너희가 사랑 가운데서 뿌리가 박히고 터가 굳어져서 능히 모든 성도와 함께 지식에 넘치는 그리스도의 사랑을 알고 그 너비와 길이와 높이와 깊이가 어떠함을 깨달아 하나님의 모든 충만하신 것으로 너희에게 충만하게 하시기를 구하노라."

성령으로 말미암아 우리 마음에 부어진 아버지와 아들의 사랑(롬 5:5)은 우리의 사랑이 흘러나오는 원천이다. 그 사랑이 우리를 사로잡은 분노에 찬 악의와 좌절, 염려, 두려움, 비통함, 격분, 중상모략의 파도를 약하게 만들고 결국에는 휩쓸어 간다. 그리스도만이 아버지로부터, 성령님을 통해 이 사랑을 우리 마음에 주실 수 있다. 그리스도만이 우리의 분노를 정결하게 하셔서 우리 마음속에서 사랑이 일어나게 하신다.

실제 사례 6

샐리와 조이는 전쟁 중이다. 물론 진짜 전쟁은 아니지만, 둘의 격렬한 싸움을 본다면 그런 묘사가 과장은 아님을 알 것이다. 함께 살게 된 두 사람은 처음에는 만족했지만, 얼마 못 가 극심한 갈등을 겪기 시작했다. 둘 다 자기 입장이 옳다고 확신했다. 상대방의 분노가 얼마나 심한지, 자신이 느끼는 반감이 당연하다고 믿었다.

물론 갈등이 어떻게 시작되었는지는 아무도 기억하지 못했다. 각자 나름의 사정이 있었고, 거기에는 (정도는 다르지만) 월세 인상, 방 크기, 거실 사용 등을 둘러싼 강한 의견 차이가 있었다. 각자가 더 중요하게 생각하는 문제가 뚜렷이 달랐는데, 정말로 중요한 문제는 둘 다 자기가 옳고 상대방이 잘못 기억한다고 확신하는 것이다. 가장 치열한 전쟁터는 주방과 거실 같은 공용 공간이었다. 각자 규칙 위반이라고 주장하는 내용을 적어서 주기적으로 붙이곤 했다. "네 빨래는 네 방으로 좀 치울 수 없을까?" "그릇을 씻지 않고 싱크대에 쌓아 둔 게 이번 달에만 벌써 다섯 번째야." "허락 없이 내 커피메이커 쓰지 마." 빨간색 밑줄과 굵은 글씨체는 당연했다.

안타깝게도, 샐리와 조이는 둘 다 헌신된 그리스도인이었다. 심지어 같은 교회에 다녔다. 둘은 목사님께 중재를 요청하기도 했다. 두 사람은 마태복음 18장과 같은 중재 과정을 간절히 바랐지만, 둘 다 상대의 행동에서 막연한 '부당함' 외에는 원인을 찾지 못했고, 자신을 지지해 줄 증인도 없었다.

양쪽 이야기에서 확실한 점은 상대방을 '적'으로 여긴다는 사실이다. 둘은 서로를 비인격적으로 대하고, 상대의 좋은 점은 하나도 보지 못했다. 경건하거나 친절한 모습, 합리적이려고 노력한 모습, 그리스도를 닮은 모습은 조금도 보지 못했다.

이들의 다툼을 이해하려는 시도가 소용없었다는 것은 금세 분명해졌다. 언쟁의 세세한 부분은 욥의 인내를 시험할 정도이며, 해결책을 찾기 위해서는 솔로몬의 지혜가 필요할 정도였다. (솔로몬처럼 집을 둘로 나눌 수도 있겠지만, 둘의 적대감이 너무 심해서 그 방법도 통할 것 같지 않았다!)

다른 접근법이 필요했다. 목사님은 다툼의 내용에 집중하기보다 조금 더 넓은 관점을 취했다. 삭개오 이야기를 다루는 성경 공부 모임에 두 사람을 초대했다. 삭개오도 미움을 받았다. 삭개오도 자신의 방식을 바꿀 의향이 전혀 없었다. 그가 계속해서 남들의 이해를 벗어난 생활방식을 이어 가는 동안, 세월이 많이 흘렀다. 착취, 불의, 사욕 이런 것들이 세리가 하는 일이었고, 그래서 사람들은 그를 싫어했다.

그런데 예수님이 찾아오셨다. 그분은 삭개오를 질책하거나 그의 죄를 들추지 않으셨다. 삭개오에게 행동의 변화나 회개의 증거를 요구하지도 않으셨다. 그저 사랑으로 다가가셨다. "삭개오야······ 내가 오늘 네 집에 유하여야 하겠다"(눅 19:5).

그 사랑으로 충분했다. 이 완고한 남자가 녹아내렸다. 딱딱한 마음이 부드러워지고 힘든 상황이 영원히 바뀌었다. 더는 남을 속이지 않았으며 갈취한 돈은 네 배로 갚았다. 사랑은 한 사람을 철저하게 바꾸고 공동체의 분위기도 바꾸었다.

샐리와 조이도 그럴 수 있을까? 변화는 상대에게 사랑을 표현하는 것에서 시작하지 않는다. 자신이 그리스도께 받은 사랑을 기억하는 것에서부터 시작된다. 상대가 아니라, 자신이 바로 용서가 필요한 삭개오다. 완고한 마음을 지닌 우리 모두가 그리스도의 환대와 사랑을 듣고 받아서 변화되어야 할 사람들이다. 거기에서부터 시작해야 한다. 우리가 받은 사랑을 기억하기 전에 우리가 주어야 할 사랑을 강조한다면 실패할 것이다. 분노는 사라지지 않고, 관계도 회복되지 못할 것이다.

분노와의 싸움에서 취해야 할 첫 번째 단계는, 진정한 싸움이 내면에 있음을 발견하는 것이다. 우리 마음이 너무도 완악하여 용서를 받으려면 예수님의 죽음이 필요하다는 사실을 받아들이는 싸움이나. 우리가 자신의 죄를 본다면, 그분의 사랑이 얼마나 큰지 볼 것이다. 그리고 그 크신 사랑을 볼 수 있다면, 분노를 내려놓고 그분이 우리를 사랑하신 것처럼 사랑할 준비가 된 것이다.

chapter / 25
지혜에 귀를 기울이라

분노와의 싸움을 순전히 지적이거나 이성적인 과정으로만 생각해서는 안 된다. 마치 제대로 조언만 받으면 괜찮아진다는 식으로 말이다. 어느 작가는, 그런 생각은 1미터 단위로 수고롭게 영토를 되찾는 지상전이 필요한 상황에서 공중전으로 승리할 수 있다고 생각하는 것과 같다고 말했다. 그에 따르면 감정은 "서서히 영토를 확장하는 지상전"[1]이다.

하지만 그리스도에 의해, 그리스도 안에서, 그리스도를 통해서만 최종적으로 그 싸움에서 승리할 것이다. 그리스도께서 내게 새로운 욕구를 지닌 새로운 자아를 주신다. 그리스도께서 내게 사랑을 배우는 유치원인 새로운 공동체를 주신다. 그리스도께서 내게 하나님께 나아갈 수 있는 무한한 특권을 통해 평화를 주신다. 그리

---

1) Rhys S. Bezzant, "From Sad and Mad to Glad: The Pilgrim's Passions," in *True Feelings*, Michael P. Jensen 편집 (Nottingham, UK: IVP Apollos, 2012), 188.

스도께서 내게 성령님을 통해 마귀에게 저항할 힘을 주신다. 그리스도께서 나를 용서하셔서 내가 용서할 수 있게 하신다. 그리스도께서 나를 사랑하셔서 내 사랑의 원천을 여신다. 그리스도께서는 마귀의 일을 멸하려고 오셨다(요일 3:8). 그리스도께서 죄악된 분노를 변화시키고 가라앉히실 수 있다. 그리스도, 오직 그리스도만이.

당신의 분노를 치유할 지혜를 달라고 기도하기

경건하지 못한 분노와의 지상전을 대할 때 가장 중요한 것은 아마도 지혜일 것이다. 야고보는 "너희 중에 누구든지 지혜가 부족하거든 모든 사람에게 후히 주시고 꾸짖지 아니하시는 하나님께 구하라 그리하면 주시리라"(약 1:5)라고 쓴다. 나는 지혜란 주로 인도하심과 관련이 있다고 생각하고는 했다. 어떤 직업을 택할지, 어떤 사람과 결혼할지, 오늘 할 일 중에 무엇을 먼저 해야 할지 궁금하기 때문이다. 그런데 야고보서와 잠언이 지혜에 대해 한 말씀을 보면, 단순히 인도의 차원만은 아님을 알 수 있다.

바로 앞에서 야고보는 시험을 당하거든 인내하라고 말하며 "이는 너희로 온전하고 구비하여 조금도 부족함이 없게 하려 함이라"(4절)라고 말했다. 즉 지혜가 부족하지 않도록 인내하라는 것이다(영어성경 NIV 참조). 야고보는 인간의 성품이 갖추어야 할 윤리적 자질을 언급하고 있다. 지혜는 단순한 정보가 아니라, 성품과 관련이 있다.

야고보는 3장에서 지혜라는 주제를 발전시키는데 "너희 중에 지혜와 총명이 있는 자가 누구냐"(13절)라고 묻는다. 답은 많이 아는 사람이 아니다. "선행으로 말미암아 지혜의 온유함으로 그 행함을 보이는" 자다(13절). 마음속에 "독한 시기와 다툼"을 피하는 사람이다(14절). 소위 "땅 위의 것이요 정욕의 것이요 귀신의 것"인 지혜는 "혼란과 모든 악한 일"을 낳지만(15-16절), "오직 위로부터 난 지혜"는 "화평으로 심어 의의 열매"를 거둔다(17-18절). 따라서 지혜는 평화를 사랑하는 것이다. 야고보서 4장 초반에 나오는 폭력적인 싸움과는 정반대인데, 그중에서도 특히 경건하지 못하고 이기적인 분노와 정반대다.

하나님은 **노하기를 더디 하신다**. 경건하다는 것, 경건한 지혜를 배우는 것은 **노하기를 더디 하기** 시작하는 것이다. 잠언에서는 적어도 네 차례에 걸쳐 지혜로운 사람을 "노하기를 더디 하는" 사람으로 묘사한다(잠 14:29; 15:18; 16:32; 19:11). 그런 지혜는 아주 큰 가치가 있는데, 노하기를 더디 하는 자가 성을 정복한 전사보다 낫기 때문이다(잠 16:32). 당신은 직장과 교회와 가정에서 어떤 사람과 함께하기 원하는가? 다음 둘 중에서 골라 보라. 먼저, 굉장히 능력이 뛰어난 사람, 혼자서 성을 정복할 수 있는 사람이 있다. 누구든 팀원으로 탐낼 만한 사람이다. 반면, 그다지 눈에 띄지 않는 사람이 있다. 그는 인내심과 절제력이 있고 화를 잘 내지 않는다. 당신은 어떤 사람을 선호하는가? 잠언은 자제력 있는 사람을 원할 것이라고 말한다. 노하기를 더디 하는 것은 비범하고 드문 미덕이기 때문이다. 용맹한 전사는 흔하지만, 인내심 있는 사람은 많지 않다. 그런 사람이 되기 위해 힘쓰라.

이것이 하나님이 주시는 경건한 지혜다. 이 지혜 덕분에 우리도 하나님처럼 노하기를 더디 할 수 있다. 이 경건한 지혜는 분노가 낳는 갈등 그리고 비극과는 정반대다. 이 지혜 때문에 우리는 남의 "허물을 [기꺼이] 용서할" 수 있다(잠 19:11).

야고보서 1장 5절의 약속으로 다시 돌아가서, 지혜가 부족하면 하나님께 지혜를 구해야 한다. 그 지혜가 경건하지 못한 내 분노를 치유해 줄 수 있다. 위에서부터 온 이 지혜는, 이기적이고 다툼을 일으키는 분노에서 벗어난 성품을 빚고 평화를 사랑하게 한다. 우리에게는 이 지혜가 가장 절실하게 필요하다. 이 지혜를 달라고 기도해야 한다. 이 지혜가 내 분노한 마음속에 역사하도록 하나님께 간구해야 한다.

계속해서 야고보는 우리가 전심으로 지혜를 구해야 한다고 말한다(6-8절). 우리는 지혜로운 사람으로 빚어지기를 간절히 바라야 한다. 의심하는 이유는 내가 정말로 그것을 원하는지 확신하지 못하기 때문이다. 의심하는 사람은 바람에 밀려서 출렁이는 바다 물결과 같다(6절). 그는 기도할 때 불안정하고 두 마음을 품는다.

야고보는 우리에게 이런 지혜가 필요하다고 말한다. 그것도 지금 당장, 아주 절실하게 말이다. 이 지혜를 얻는 것은 우리가 살면서 성취하기 원하는 그 어떤 프로젝트보다 더 중요하다. 지혜를 바라고, 요청하고, 갈망하고, 간구하라!

하나님 말씀에 귀 기울여서 지혜를 배우기

야고보서에는 분노를 다룬 내용이 많다. 그런데 분노라는 표현을 대놓고 사용한 곳은 야고보서 1장 19-20절뿐이다. "내 사랑하는 형제들아 너희가 알지니 사람마다 듣기는 속히 하고 말하기는 더디 하며 성내기도 더디 하라[잠언의 주제를 반복한다]. 사람이 성내는 것이 하나님의 의를 이루지 못함이라."

어떻게 보면, 이런 권면은 여러 문화권에서 찾아볼 수 있는 세속적인 지혜와 별다른 차이가 없다. 2세기 그리스의 풍자 작가 루키아노스(Lucian)는 나라를 다스리는 것에 대한 조언을 구하는 고위 관리에게 이렇게 답했다고 한다. "화를 잘 참으십시오! 적게 말하고, 많이 들으십시오!" 야고보서 1장 19-20절은 이런 조언과 어떻게 다른가?

하나님이 우리에게 두 귀를 주셨지만 입은 하나만 주신 까닭은 적게 말하고 많이 들으라는 뜻이라고들 한다. 그 말도 맞을지 모르겠다. 그러나 설득력 있는 주장이라고 하기에는 부족하다는 생각이 든다. 인간의 신체 구조를 비유로 든다면 이렇게도 말할 수 있지 않을까? "하나님이 우리에게 수천 개의 신경 말단을 주셨지만 귀는 두 개만 주신 까닭은 적게 듣고 많이 느끼라는 뜻이다." 혹은

"하나님이 우리에게 두 귀를 주셨지만 뇌는 하나만 주신 까닭은 적게 생각하고 많이 들으라는 뜻이다." 어떤 친구는 이렇게 말하기도 했다. "하나님이 우리에게 두 주먹을 주셨지만 입은 하나만 주신 까닭은 적게 말하고 많이 싸우라는 뜻이다(전쟁이 협상보다 낫다)."

과연 야고보의 말씀은 무슨 뜻일까? 사람들을 사랑하고 존중하되, 그들의 말을 경청함으로써 그 사랑과 존중을 보여 주어야 한다는 뜻일 것이다. 내가 하고 싶은 말만 들이대지 말고 먼저 상대방의 이야기를 잘 들어주어야 한다. 거기에 지혜가 있다.

그런데 야고보서의 문맥은 조금 더 깊은 무언가를 암시한다. 말("말하기는 더디 하며")과 분노("성내기도 더디 하라")가 연결되어 있는데, 주요 강조점은 죄가 되는 분노를 피하라는 말씀인 듯하다. 20절이 이를 뒷받침한다. "사람이 성내는 것이 하나님의 의를 이루지 못함이라." 아마도 성내는 말을 피하라는 뜻 같다. 그런데 듣는 것은 어떨까? 어떤 말은 들으면 들을수록 화가 난다! 우리가 분노의 말을 쏟아놓지 않으려면, 어떤 특정한 말씀을 들어서 도움을 받아야 한다.

전후 문맥을 한번 살펴보자. 앞 절에서(16-18절) 야고보는 악의 잉태와 죄의 출생을 더 나은 종류의 탄생과 대조한다. 온갖 좋은 은사와 온전한 선물이 위로부터, 변함없으신 아버지께로부터 내려온다(17절). 하나님은 "진리의 말씀"(18절)으로 우리를 낳으셨다. 우리에게 새로운 탄생을 주셨다. 내 욕심이 잉태하여 죄를 낳고 죄는 사망을 낳는다. 하지만 내 외부로부터 진리의 말씀, 곧 복음이 오고, 그 말씀으로 하나님은 나를 낳으시고 새로운 탄생을 허락하신다. 이 새로운 탄생 덕분에 나는 그분의 새로운 피조물 중에 첫 열매가 된다. 그분은 "진리의 말씀"으로 이 일을 하신다.

그런 다음, 분노에 대한 말씀 직후에 21절이 나온다. "그러므로 모든 더러운 것과 넘치는 악을 내버리고 너희 영혼을 능히 구원할 바 마음에 심어진 말씀을 온유함으로 받으라." 초기 사본에서는 19-20절을 포함한 이 모든 내용이 한 단락이었다.[2] 우리 안에 심어진 말씀으로 우리는 새로이 태어난다. 그 말씀을 받으라. 그리고 그 말씀을 듣기만 하지 말고 행하라(22절).

따라서 우리는 야고보서 1장 19-20절 전후에서 "진리의 말씀"(18절)과 "너희 영혼을 능히 구원할 바 마음에 심어진 말씀을 온유함으로 받으라"(21절)는 언급을 볼 수 있다. 이는 "듣기는 속히 하고"(19절)라는 구절이 진리의 말씀, 곧 하나님이 우리를 구원하시는 복음을 순종하는 마음으로 간절히 들으라는 것임을 강력하게 암시한다. 이것이 이 말씀(19절)을 그냥 훌륭한 조언에서 복음으로 바꾸어 놓는다. 변함없으신 선하신 아버지(17절)께서 하시는 이 진리의 말씀을 속히 들으라. 이 말씀으로 우리는 새 생명으로 태어난다. 그 말씀 앞에 겸손히 무릎 꿇고, 그 말씀을 받고 들으며, 사랑하고 신뢰하는 마음으로 순종하여 행하라.

---

2) *The Greek New Testament, Produced at Tyndale House, Cambridge* (Wheaton, IL: Crossway, 2017)를 참고하라.

우리는 지혜롭게 사는 법을 생각하기 전에, 이 지혜를 마음속에 키우는 생활방식을 익혀야 한다. 하나님이 복음을 통해, 성경에서, 우리 마음에 하시는 말씀에 귀 기울여야 한다. 날마다, 반복해서, 순종하는 마음으로, 간절히, 긴급하게, 열정적으로 경청해야 한다. 이것은 장기전이다. 생활방식이다. 우리가 추구해야 할 방향이다. 자기 마음속 욕심에 자리한 분노의 뿌리를 정직하게 진단하고, 자신의 성품을 빚을 지혜를 달라고 하나님께 간구하라. 그러면 하나님이 그분의 말씀을 통해 그 지혜를 주실 것이다. 그 말씀이 내 안에 풍성하게 거하고, 순종하는 마음으로 읽고 듣고 반응하는 것, 이것이 그분이 내 안에서 지혜로 역사하시는 방식이다.

이런 듣기, 곧 하나님 말씀을 경청하는 것은 (놀랍게도) 다른 사람들의 말을 경청하는 데에도 핵심이다. 독일의 루터교 목사 디트리히 본회퍼(Dietrich Bonhoeffer)는 『성도의 공동생활』(*Life Together*)에 이렇게 쓴다.

공동체 안에서 한 사람이 다른 사람에게 빚지고 있는 **첫 번째** 섬김은 다른 사람의 말을 들어주는 것입니다. 하나님에 대한 사랑이 그분의 말씀을 듣는 데서부터 시작되듯이, 형제에 대한 사랑도 형제의 말에 귀 기울여 듣는 것을 배우는 데서 시작됩니다. 우리를 향한 하나님의 사랑은 우리에게 당신의 말씀을 주실 뿐 아니라, 당신의 귀도 빌려주신다는 사실에서 나타납니다.

그리스도인들, 특히 설교자들은 다른 사람들과 함께 있을 때면 언제나 그들에게 무엇인가를 '제공'해야 한다고 여기며, 그것이 그들이 할 수 있는 유일한 섬김이라고 생각하는 경향이 있습니다. 그들은 말하는 것보다 귀를 기울여 듣는 것이 더 큰 섬김이 될 수 있음을 잊고 있습니다. 많은 사람이 자신에게 귀를 기울여 들어줄 사람을 찾지만, 그리스도인 가운데서도 들을 귀를 가진 사람을 찾기란 그리 쉽지 않습니다. 왜냐하면, 그들은 들어야 할 때도 입을 열어 말하려고만 하기 때문입니다. 그러나 형제에게 귀를 기울이지 않는 사람은, 머지않아 하나님께도 귀를 기울이지 않을 것이며, 하나님 앞에서도 항상 말만 하려고 들 것입니다. 여기서 영적인 죽음이 시작되며, 결국 남는 것은 공허한 영적인 수다뿐입니다. 그곳에는 경건한 말 속에서 질식해 버린 성직자의 겸손을 빙자한 오만이 있을 뿐입니다. 오랜 시간 인내심을 품고 귀 기울여 들을 수 없는 사람은, 항상 다른 사람의 귀에 들어가지도 않는 말만 하면서도 그 사실을 전혀 깨닫지 못합니다. 자기 시간이 너무 소중해서 다른 사람의 말을 듣는 데 할애할 수 없다고 생각하는 사람은, 사실은 하나님과 형제를 위한 시간을 결코 낼 수 없습니다. 그는 항상 자기 자신을 위해서, 오직 자신의 말과 계획을 위해서만 시간을 낼 뿐입니다.

몇 줄 뒤에, 그는 이렇게 쓴다.

그런데 다른 사람이 할 말을 이미 다 알고 있다는 듯이 귀를 반쯤만 열어 놓고 듣는 경우도 있습니다.[3]

자기 자신으로 가득 찬 사람은 말하고 싶어 할 것이다. 자기 중심의 말하기가 좌절된다면 화가 날 것이다. 그러나 인내하면서 하나님께 귀를 기울인다면 다른 사람들의 말도 참을성 있게 들을 수 있다.

당신의 말에는 지혜가 있는가

"여호와여 내 입에 파수꾼을 세우시고 내 입술의 문을 지키소서"(시 141:3). 이 기도는 "말하기는 더디 하며"(약 1:19)라는 권면과 나란히 놓을 수 있다. 성내면서 말할 때 우리는 그 악덕한 가족인 불평, 다툼, 악의, 미움, 싸움, 살인 등과 함께하는 것이다. 분노의 말을 할 때는 인간의 입에서 도덕적으로 더러운 것이 흘러나온다.

사방에서 이런 모습을 목격할 수 있다. 특히 SNS 게시물이나 댓글, 트위터에서 쉽게 볼 수 있다. 예전에는 무언가 할 말이 있더라도 상대방을 직접 대면할 때까지 기다려야 했는데 이제는 즉시 댓글을 달 수 있다. 한번 내뱉은 분노의 표현은 도로 담을 수 없기에 그 피해가 얼마나 큰지 모른다.

---

3) Dietrich Bonhoeffer, *Life Together and Prayerbook of the Bible*, Dietrich Bonhoeffer Works, vol. 5 (Minneapolis: Fortress Press, 2005), 98-99.

"사람이 성내는 것이 하나님의 의를 이루지 못함이라"(20절). 성내는 것은 아무 유익이 없다. 분쟁만 일으킬 뿐이다. 평화나 조화, 사랑, 관용, 온유를 낳지 못하고, 다툼을 심는다. 교회와 가정, 이웃과 직장에 악영향을 미친다. 하나님이 바라시는 옳은 행위를 낳지 못한다. 아우구스티누스는 한 친구에게 보낸 편지에 다음과 같이 썼다.

키케로는 어떤 사람을 이렇게 묘사했네. "그 친구는 자신이 기억에 남기고 싶은 말은 한마디도 하지 않네." 대단한 칭찬이지 않은가! 하지만 진정 현명한 사람보다는 심각한 바보에게 더 적절한 말일세.

야고보는 말하기에 다시 초점을 맞추어 이 주제를 더 확장한다. "너희는 선생된 우리가 더 큰 심판을 받을 줄 알고 선생이 많이 되지 말라"(약 3:1). 말하기에는 위험이 도사리고 있다. 혀는 늘 들썩이는 악이다. 마음에 분노가 있으면 말로 흘러넘친다. 그리고 일단 내뱉은 말은 다시 담을 수 없다. 특히 소셜 미디어 세상에서는 한 번 올린 글이 영구히 남을 수 있다.

혀는 인체의 아주 작은 일부분이지만 막대한 영향력이 있다. 작은 재갈이 육중한 말을 움직이고 작은 키가 큰 배를 조종하듯이, 혀는 그 무게를 훨씬 초월하는 힘이 있다. 작은 불씨가 숲 전체에 산불을 일으키는 것과 같다. 혀는 인생에 불을 지르고, 스스로 지옥 불에 타 버린다. 우리는 혀를 길들일 수 없는데 혀에서 분출된 독은 마음에서 나오기 때문이다. 우리는 혀로 하나님을 찬송하지만, 분노와 다툼이 가득한 혀로 사람들을 저주하기도 한다.

잠언도 우리가 말을 절제해야 한다고 권면한다.

"칼로 찌름 같이 함부로 말하는 자가 있거니와 지혜로운 자의 혀는 양약과 같으니라"(잠 12:18).

말은 이렇게 큰 해를 끼친다. 말이 미칠 악영향을 생각하지 않고 부주의하게 내뱉은 말은 날카롭게 상대를 찌르고 칼과 같은 상처를 남긴다. 그러나 지혜는 평화를 사랑하는 말을 낳아서 상대를 치유한다.

또한 잠언은 다른 사람들의 도발에 참을성 있게 대응하는 지혜를 배우라고 권면한다.

"유순한 대답은 분노를 쉬게 하여도 과격한 말은 노를 격동하느니라"(잠 15:1).

운전하다가, 장을 보다가, 길을 가다가 발생하는 난폭 행동들. 누군가가 당신에게 가운뎃손가락을 들어 올리거나, 공격하려는 몸짓을 취하거나, 소리를 지른다. 어떻게 반응하는가? 똑같이 갚아 주는가? 상대가 불을 질렀으니 당신은 장작을 던지고 심지어 기름을 들이붓는가? 아니면 유순한 대답과 사과, 친절한 말로 답하는가? 물을 부어 불을 끄듯이 말이다.

"급한 마음으로 노를 발하지 말라 노는 우매한 자들의 품에 머무름이니라"(전 7:9).

마치 기름에 불똥이 튀는 것 같이 성내는 말에 반응하는 사람이 있다. 그들은 폭발한다. 걸핏하면 화를 낸다. 얼마나 어리석은가?

"미련한 자는 당장 분노를 나타내거니와 슬기로운 자는 수욕을 참느니라"(잠 12:16).

당신이 무슨 말을 했다. 나는 그 말에 화가 난다. 모욕을 주는 말이었을 것이다. 슬기로운 자는 그냥 모른 척하고 지나간다. 어리석은 자는 발끈하면서 즉시 똑같이 되갚아 준다.

"어리석은 자는 자기의 노를 다 드러내어도 지혜로운 자는 그것을 억제하느니라"(잠 29:11).

말과 분노는 밀접하게 연결되어 있다. 노하기를 더디 하는 것, 곧 자제의 핵심은 진리의 말씀에 귀를 기울이는 것이다. 복음, 곧 선하신 아버지가 주신 생명의 말씀만이 우리의 마음을 바꾼다. 그렇게 새로워진 마음에서는 더 이상 분노의 말이 흘러나오지 않을 것이다.

부록

분노 진단 체크리스트
분노를 경건하게 이끄는 기도

부록 1

분노 진단 체크리스트

앞에서 살펴보았듯 성경은 인간의 분노뿐 아니라 하나님의 분노에 대해서도 많이 기록하고 있다. 분노는 여러 가지 이유에서 중요한 감정이다. 하나님의 분노는 그분의 거룩하심을 드러내기 때문에 중요하다. 하나님은 반항과 죄를 용납하지 않으신다. 반면, 인간의 분노는 우리 마음의 욕구와 태도를 드러내기 때문에 중요하다. 그리고 인간의 분노가 중요한 또 다른 이유가 있는데, 아주 큰 해를 끼칠 수 있기 때문이다.

이 부록에서는 분노와의 싸움을 진단하고 평가하는 데 도움이 되는 체크리스트를 제공하려 한다.

진단

분노는 대체로 분명히 보인다. 폭력적인 말이나 행동은 우리 내면에 들끓는 분노가 있음을 드러낸다. 하지만 그런 확실한 분노의 표현조차도 그 분노를 실제 경험하는 사람보다는 외부의 관찰자에게 더 분명히 보일 때가 많다. 화가 난 사람은 자신이 화가 났다고 생각하지 못하는 경우가 많다. 자신이 옳다고만 믿을 뿐이다. 분노를 감지하기 힘든 다른 경우들도 많다. 격앙된 목소리나 삿대질이 아닌, 사회적으로 용인될 만한 여러 다른 방식으로 분노가 표현되기 때문이다. 하지만 그 역시 분노는 분노이기에 악영향을 미친다. 그래서 분노를 확인하는 것은 아주 중요하다. 자신이 분노를 외면하는지, 분노가 없는 척하는지, 혹은 화를 내는지 알아차리지 못한다면 아무 조치 없이 분노는 계속될 것이고, 분노가 신앙이나 관계에 미치는 폐해도 이어질 것이다.

그러니 분노가 표현되는 다양한 방식을 파악하는 것부터 시작해 보자. 아래 목록을 살펴보라. 이 중에서 어떤 것이 당신에게 적용되는가? 어디서, 어느 정도로 드러나는가?

- 억울함
- 비통함
- 짜증
- 불평
- 냉소
- 무관심
- 비판

- 경쟁심
- 학대
- 시기
- 혐오
- 다툼
- 우울함

이 목록을 활용해 분노와 관련된 당신의 행동 양식을 그려 보라. 어떤 표현이 가장 흔하게 나타나는가? 대체로 어떤 상황에서 그런 방식이 드러나는가? 그것을 받거나 당하는 쪽은 대개 누구인가?

자문

모든 사람이 자신의 분노를 정당화하거나 아예 무시하고 넘어가는 성향이 있다. 그래서 다음 단계는 사람들에게 묻는 것이다. 당신이 어떤 부분에서 분노를 표현하는지 가까운 사람들에게 물어보라. 그들에게 앞의 목록을 보여 주면서, 당신에게서 가장 잘 목격되는 세 가지 분노 표현을 찾아 달라고 부탁하라. 당신이 들을 준비가 충분히 되어 있음을 분명히 하며 부탁하라. 별로 듣기 좋은 말이 아닐지라도 그들에게 화를 내지 않겠다고 약속하라. (이 부분을 두고 충분히 기도하고 만나서, 약속을 꼭 지키도록 하라!)

탐색

당신이 분노를 표현하는 전형적인 방식과 환경을 확인했다면, 좀 더 어려운 질문을 던질 때가 되었다. 당신은 무엇에 화를 내는가? 어떤 욕구가 좌절되고 있는가? 어떤 야망이 위협을 받고 있는가? 당신의 반응을 불러일으키는 어떤 두려움이 있는가? 무언가를 잃을까 봐 겁내고 있는가? 이런 질문들에 대한 답을 찾을 수 있도록 도와달라고 하나님께 간구하라. 하나님은 우리의 신실한 친구들을 통해 기도 응답을 주시기도 한다. 그러니 당신의 분노 배후에 무엇이 있다고 생각하는지 가까운 이들에게도 물어보라.

다음 질문들을 활용하라. 당신이 분노하는 근본 이유가 무엇인지 탐색해 보자.

1. 당신은 통제력을 잃어버렸다고 느낄 때 화가 나는가?
2. 당신이 화를 내는 이유는 물질적인 소유 때문인가?
3. 당신의 분노는 성욕이나 성적 좌절과 관련이 있는가?
4. 사람들이 당신을 미워하거나 당신에 대해 좋지 않은 이야기를 할 때 화가 나는가?
5. 당신의 분노를 부추기는 집단이나 무리가 있는가?

당신이 분노를 일으키는 특정한 계기를 발견했다면, 그것들을 죄의 불가피한 특징과 연결해 보자. 당신의 분노는 하나님이 되고

자 하는 욕구와 어떻게 연결되어 있는지 자신에게 물어보라. 당신은 어떻게 하나님의 자리를 차지하려 하거나, 하나님의 역할을 하려 하거나, 하나님의 영광을 가로채려 하는가? 분노와의 싸움은 당신 마음에서 벌어지는 더 큰 싸움을 어떤 방식으로 반영하는가? 우리 내면에는 하나님처럼 대접받고자 하는 마음과 겸손해지려는 마음이 끊임없이 충돌하고 있다.

부록 2

분노를 경건하게 이끄는 기도

이 부록은 부록 1을 기반으로 당신의 분노에 대해 하나님께 말씀드리고, 또한 거룩함이 자라나 당신의 분노를 그리스도의 적절한 통치 아래 둘 수 있도록 도움을 구할 때 필요한 경건한 반응을 제공한다.

감사

하나님과 함께 시작하라. 하나님이 그분의 경건한 분노에 대해 알려 주신 모든 내용에 감사하는 것에서부터 시작하라. 그리스도를 주시고, 자기를 희생하는 사랑의 본보기를 주신 것에 감사하라. 그 사랑은 개인적인 모욕이 아닌, 하나님의 영광과 다른 사람들의 유익을 위해서만 분노를 느낀다. 의로운 분노와 변함없는 사랑을 동시에 지니신 하나님께 감사하라.

그리고 나서 당신의 마음을 조금 더 잘 알도록 도와주신 하나님께 감사하라. 당신의 기도에 응답하셔서 당신의 분노를 더 분명하게 이해할 수 있게 하신 하나님께 감사하라. 당신이 자신의 죄를 직면하여 마음의 아둔함과 완고함을 극복하게 하신 하나님께 감사하라. 그 은혜에 진심으로 감사하다고 하나님께 말씀드리라.

회개

하나님 앞에서 당신의 죄가 얼마나 심각한지 인정하라. 그분의 거룩함을 알고, 그분의 영광보다 자신의 영광에 더 관심이 많은 추악한 마음을 그분께 털어놓으라. 회개할 기회를 주시는 하나님께 감사하라. 당신이 모든 일을 바른 관점에서 보도록 도와주신 것에 감사하고, 모든 일의 우선순위를 지키기 원한다고 말씀드리라. 하나님의 영광과 다른 사람들의 유익을 자신의 유익보다 앞세울 수 있도록 도와달라고 간구하라. 정말로 그렇게 바라기는 고사하고, 그렇게 기도하는 것조차 당신에게는 얼마나 어려운 일인지 인정하라. 당신의 마음을 부드럽게 하시고 그분을 향한 사랑이 더욱 깊어지게 해 달라고 하나님께 간절히 기도하라.

하나님을 왕으로 제자리에 모실 때만이 분노와의 전쟁이 최종적으로 끝난다. 그날이 앞당겨지고, 그리스도를 향한 사랑이 깊어지게 해 달라고 구하라. 그리스도에 대한 사랑과 헌신 가운데서 당신의 분노를 일으키는 거짓 사랑을 몰아낼 새로운 사랑의 폭발적인 힘을 발견할 수 있다.

믿음

그리스도께 감사하라. 그리스도께서 경건하지 못한 모든 분노, 곧 과거와 현재와 미래의 모든 분노에 대한 형벌을 짊어지셨다는 사실에 기뻐하라. 우리가 믿는 은혜의 복음이 있기에 회개할 수 있음을 즐거워하라. 하나님의 영광을 위해 경건함 가운데 성장하기를 원한다고 말씀드리라. 그분만이 이 일을 가능하게 하시기에 그분만이 찬양받으실 분이다.

그리스도 안에서 새 생명을 허락하신 하나님께 감사하라. 그리스도 안에서 하나님이 당신을 그분의 아들을 닮도록 변화시키고 계심에 감사하라. 그 변화의 사역이 완성되고, 얼굴과 얼굴을 맞대어 그분을 볼 때까지 하나님의 영이 당신을 절대 떠나지도, 포기하지도 않으신다는 사실에 감사하라. 앞으로 임할 이 큰 영광이 당신을 이끌어 더 경건하게 살아가게 하고, 특히 경건하지 못한 분노를 포기하게 해 달라고 간구하라.

당신의 찬양과 고백과 간구를 들으신 하나님을 찬양하고, 그분께 감사하면서 기도를 마무리하라. 그분의 크신 자비로, 당신이 소멸되지 않고 그분의 찬양과 영광에 걸맞은 삶으로 높아진 것에 감사하라.

감사의 글

스티브에게 감사합니다. 그의 초대 덕분에 영국 성경적 상담협회(Biblical Counselling UK)의 2018년 연례 학회에서 분노라는 주제로 강연할 수 있었습니다. 그 학회에서 좋은 자극이 되는 질문을 던져 주고 친절하게 격려해 준 참가자 여러분께도 감사를 드립니다. 틴데일 하우스의 지원과 시설, 따뜻한 우정에도 감사합니다. 작업하고 글을 쓰기에 더할 나위 없이 특별하고 영광스러운 환경이었습니다. 아내 캐롤린의 변함없는 격려와 지지에 감사와 사랑을 전합니다. _크리스토퍼 애쉬

케임브리지 대학 크라이스트 교회 식구들에게 감사합니다. 특히, 이 책을 마무리하는 데 필요한 시간을 낼 수 있도록 도와준 교구 위원들에게 감사합니다. 책의 집필 과정뿐 아니라 내 삶의 모든 영역에서 아낌없는 사랑과 돌봄을 베풀어 준 아내 베스에게도 감사와 사랑을 보냅니다. 아내가 없었다면 이 책은 빛을 보지 못했을 것입니다. _스티브 미즐리

우리 두 사람(크리스토퍼와 스티브)은 헬렌 손, 루이즈 맥밀런, 헤더 페어웰을 비롯하여 책의 원고를 읽고 소중한 의견을 준 분들께 감사합니다. 애비 모럴리에게 특별히 감사합니다. 그의 통찰과 세세한 지적은 이 책의 최종 퇴고 과정에 기초가 되었습니다.

사명선언문

너희가 흠이 없고 순전하여……세상에서 그들 가운데 빛들로
나타내며 생명의 말씀을 밝혀 _ 빌 2:15-16

1. 생명을 담겠습니다
만드는 책에 주님 주신 생명을 담겠습니다.
그 책으로 복음을 선포하겠습니다.

2. 말씀을 밝히겠습니다
생명의 근본은 말씀입니다.
말씀을 밝혀 성도와 교회의 성장을 돕겠습니다.

3. 빛이 되겠습니다
시대와 영혼의 어두움을 밝혀 주님 앞으로 이끄는
빛이 되는 책을 만들겠습니다.

4. 순전히 행하겠습니다
책을 만들고 전하는 일과 경영하는 일에 부끄러움이 없는
정직함으로 행하겠습니다.

5. 끝까지 전파하겠습니다
모든 사람에게, 땅 끝까지, 주님 오시는 그날까지
복음을 전하는 사명을 다하겠습니다.

서점 안내

광화문점 서울시 종로구 새문안로 69 구세군회관 1층
02)737-2288 / 02)737-4623(F)

강남점 서울시 서초구 신반포로 177 반포쇼핑타운 3동 2층
02)595-1211 / 02)595-3549(F)

구로점 서울시 동작구 시흥대로 602, 3층 302호
02)858-8744 / 02)838-0653(F)

노원점 서울시 노원구 동일로 1366 삼봉빌딩 지하 1층
02)938-7979 / 02)3391-6169(F)

분당점 경기도 성남시 분당구 황새울로 315 대현빌딩 3층
031)707-5566 / 031)707-4999(F)

일산점 경기도 고양시 일산서구 중앙로 1391 레이크타운 지하 1층
031)916-8787 / 031)916-8788(F)

의정부점 경기도 의정부시 청사로47번길 12 성산타워 3층
031)845-0400 / 031)852-6930(F)

인터넷서점 www.lifebook.co.kr